U0629470

陆费逵

谈教育

陆费逵 ◎ 著

辽宁人民出版社

图书在版编目（CIP）数据

陆费逵谈教育 / 陆费逵著. —沈阳：辽宁人民出
版社，2015.1
（名家谈教育丛书）
ISBN 978-7-205-08100-3

Ⅰ. ①陆… Ⅱ. ①陆… Ⅲ. ①陆费逵（1886～1941）
—教育思想—文集 Ⅳ. ①G40-092.6

中国版本图书馆CIP数据核字（2014）第270661号

出版发行：辽宁人民出版社
　　　　　地址：沈阳市和平区十一纬路25号　　邮编：110003
　　　　　电话：024-23284321（邮　购）　024-23284324（发行部）
　　　　　传真：024-23284191（发行部）　024-23284304（办公室）
　　　　　http://www.lnpph.com.cn
印　　刷：沈阳天正印刷厂
幅面尺寸：160mm×230mm
印　　张：11.25
字　　数：159千字
出版时间：2015年1月第1版
印刷时间：2015年1月第1次印刷
责任编辑：艾明秋　赵维宁
封面设计：Amber Design 琥珀视觉
版式设计：姿　兰
责任校对：郑　莉
书　　号：ISBN 978-7-205-08100-3

定　　价：22.00元

目 录

导读 陆费逵先生早于1910年便已参与讨论了男女共学问题，他的观点在今天早已经获得社会的共识，成为一个无需再讨论的常态。不过辨析男女共学的利弊，在今天依然是一种有意义的讨论。

男女共学问题

男女共学之利害，议论纷纷，莫衷一是。就种种方面观之，则分校为正则，共学为权宜。二者当兼采之，不可拘泥也。

主张分校之理由：男女有别，不可混于一处，一也；男女性质不同，教科当随之而异，二也；男女处世，地位不同，所需之知识技能，亦应各异，三也；男女体力脑力，有强弱之分，共学不免有仰企俯就之弊，四也。主张共学之理由：十二岁以下之儿童，脑力体力，男女无大差异。情窦未开，决无嫌疑。况男女性质不同，正可藉此调和。男受女之感化，可变温和；女受男之感化，可期活泼。交际既惯，成人之后，可无羞涩退缩之患。此学理上共学之理由也。分校则人才经济，诸多困难，共学则无此弊。贫僻之区，设一小学已属勉强，断不能再设女校。若不令共学，女了必无可肄业之所。强之分立，不惟女校不克成立，男校亦必受其影响。况极贫之区，并一校而不能设立者，比比然乎！欲不令男女共学，是无异不令女子受教育也。此事实上尤必共学之理由也。各文明国中学以上，多不共学，小学则未有绝对不共学者。风俗固有不同，而事实上亦有不得不然者在也。（欧洲古代宗教教育，系绝对不共学。）今之反对男女共学者，多以男女有别为词。不知髫龀之年，有何妨碍？吾国社会风气，小学堂男女共学，固未尝绝对地反抗。即科举时代言之，十二岁以内之女子，出外就傅者，亦数见不鲜。惟讲道学者泥古不化，女子读书，已所不欲；男女共学，更视为有伤风化。故部章订明："女子小学堂与男子小学堂分别设立，不得混合。"（女子小学堂章程立学总义章第二节）然欲普及教育，则事实上决不能行，徒令办学务者困难而已。

虽然，男女共学，固非绝对地无弊害也。十二三岁以上，情窦渐开，色情感动，在所不免。不惟道德上可虑，亦卫生上之大问题也。主张共学者，不可不知；任共学之学堂堂长教员者，尤宜注意。

余固反对绝对的分校说者，亦非主张绝对的共学说者。窃以为初等小学学生，在十二岁以下，应不分男女，一律收纳。（近见男女共学之小学堂，限女生年龄，而不限男生，颇非善法。余意男女均应限制，万不得已，宁限男生而不限女生。）高小以上，自应分校。然若十分贫僻之处，只能设一单级高等小学者，仍当共学，免令女子失学。（力能设二级者，即可设男女各一单级。）盖即十二岁以上之男女共学，苟管理得宜，其害甚小。若坐视女子失学，则其害百倍于共学矣。

男女所需之知识技能，固不相同，然其不同者，特女子之家事、裁缝而已。此二者可特别另课女生，并无困难也。

1910年

导读 本文所谈，是教师如何利用假期。谈学生如何利用假期的文章很多，然而教师的假期却少人谈及，实际上教师几乎是所有职业中唯一有两个较长假期的职业，利用好这两个假期，对于老师的成长大有裨益。

暑假中教育家之修养

时当盛夏，溽暑困人，各地学堂，皆以暑假休业。诸君利用此时，将何为乎？自卫生上言之，则一年勤苦，得此三四旬以为休养，不无裨益。自学业上言之，则平日少暇，不能充足自修，得此长夏，以研究其素志之学术，亦属至佳之事。自见闻上言之，则平日为业务所羁，不能远游，得此机会，以达其长风万里之志，尤为快事。今就鄙见所及，略述一二，诸君其有意乎？

暑中之卫生 盛夏之际，天气暑热，细菌丛生，无论居家出外，皆宜确守卫生规则。家居者晨四时起，为冷水浴、室外散步等，五时至六时修学，六时至七时早餐、休息，七时至十时修学，十时至十二时扫除、休息，十二时至二时午餐、休息，二时至六时或运动，或游泳，或弄音乐，六时晚餐、休息，八时就寝。夏日消化迟钝，当少食油腻之物。

海水浴 海水浴极有益于卫生，其功效有十一：（一）海上空气浓密，可吸入多数酸素，有益于肺；（二）海上空气清洁，无煤气、瘴气、尘埃；（三）海上空气湿而富于盐分，可强健呼吸器；（四）海气温度均一，可免感冒；（五）海水浴可固皮肤；（六）增进食欲；（七）减尿之分泌；（八）增体重；（九）盛血液循环；（十）增筋力；（十一）兴奋神经。如不能海水浴，而获移住海滨，亦能获益。至其当注意之事有九：（一）孤岛空气，较接大陆之海滨尤佳；（二）宜择北面围以高山之处；（三）行浴时期以夏至至白露为宜；（四）行浴日数、次数，依人之体质不同，大概三四星期为宜，每日先浴一次，渐至二三次；（五）浴一次之时间，以二十分钟为宜；（六）出浴后宜以毛巾用力摩擦；（七）海水浴时当禁酒；（八）宜早寝早起，勿昼寝；（九）宜备草帽御日。

吾国位于大陆，海岸甚少，最适于夏游者，浙江宁波之普陀，山东之烟台、青岛，直隶之北戴河，福建之厦门、鼓浪屿，皆汽船汽车可通之处，往来甚便。

山居 内地觅海不易，觅山尚不甚难。山居益处，与海滨仿佛，能得温泉或清泉沐浴，则与海中无异矣。外人往避暑之处，如九江之庐山，湖州之莫干山，福州之鼓山，河南之鸡公山，交通较便。庐山有西式旅舍，饮食起居甚适，尤佳。

游历 游历既有益于见闻，又有裨于卫生，诸君可各往平日所欲游之地。如欲参观学校及新式工厂，可往津、沪或日本。如能游东三省、蒙古，或沿海沿边各要地，有所调查，尤有裨于政治及教育。惟交通不便之处，长夏旅行，颇形困苦，尤有中暑中疫之患。随身备药，如痧药水、如意油、薄荷油、卧龙丹、金鸡纳霜之类，以多带为妙。蚊帐亦不可不带。

修学 暑中可各就所爱读之书籍，喜研之科学，自由修习。惜吾国暑中特设之讲习会，不可多觏（gòu），舍自修外，无他术耳。

暑中最适之修学有四：（一）文学。可阅读《古文词类纂》、《经史百家杂钞》、《古今诗选》、《词综》等。能得古今文钞，或各家专集尤佳。（二）动植物。读书之外，可就游历之处，实地研究。（三）书画音乐。既修技术，又可娱乐。（四）教育及哲学。惟此类之书，吾国出版不多。商务馆之师范讲义，于教育、伦理、心理、论理、管理法、教授法略备，惟仍嫌不详，可备初学之研习，不能供教育家之参考也。

读杂志小说，亦暑中娱乐之一种。杂志以《东方杂志》（全年十二册、三元）、《国风报》（全年三十四册、六元半）、《小说时报》（每年十册、五元五角）、《小说月报》（每年十二册、一元五角）为佳。单行小说，出版甚多，商务印书馆、小说林、群学社皆有之。余则尤爱林琴南先生所译各种，文笔情节，独出冠时，既可娱乐，又可学文，暑中读物之至佳者也。

1911年

导读 陆先生针对当局的两种防"色欲"对教育之障害的措施，提出了要遵从自然规律，又提出了更有用的四种稍减轻之法。本篇使我们看到1911年时人们对青春期教育的措施和想法。

色欲与教育

色欲为教育之障害，古今东西，无不同有此感。近一二月，吾国当局对付此问题者，有二事焉。一则学部唐大臣禁止学生冶游，并行文民部，不许娼寮接待学生。一则江宁劳提学，通饬宁属女学，一律改为星期五放假，冀与男学堂不同一日，以避嫌疑而励贞节。是二者皆所谓不揣其本，而齐其末者也。然教育界受色欲之障害，固不可掩。其影响于国家前途者，亦匪浅鲜。爰就事实与学说，一论究之。

色欲果何物乎，果何自而生乎？此实研究本问题者亟须明之者也。天之生物，不欲一传而绝，于是赋以生殖之能力。色欲即生殖能力之表现者也。岂独人类为然，凡含生赋气之伦，莫不然也。质言之，无色欲即不能生殖，而人类生物皆将灭绝，世界亦随之而息矣。大哉色欲之为用也。

惟天赋生物以生殖之能力也，故予以生殖之器官，与夫刺激性欲之机关。其在动物，刺激尤著，或以视官，或以听官，或以嗅官。以视官者，率有显著之彩色、形状：鱼、鸟、昆虫、猿、蝶，有显著之彩色者也；鸡之冠、孔雀之尾、猿之髭，有显著之形状者也。以听官者，率有显著之声音：鸟类之鸣，猿鹿之啼，是也。以嗅官者，率具特别之臭：麝之香，昆虫之分泌是也。此种刺激机关，皆天之所赋，秉之者特顺乎天赋，行其所不得不行，无自主之力也。

人之性欲，亦同此理。男女既秉天之所赋，由生理而生欲念，乌能窒之塞之，且亦不必窒之塞之，尤不可窒之塞之也。然则如之何而可？曰：亦惟裁成之，使衷于理而已。妄施窒塞，不惟无益，而一旦溃决，更或不可收拾。若不知裁成，妄施窒塞，而腼然曰：吾整饬风化也。窃恐结果与其所期，适背道驰也。

吾岂不知色欲之为害哉！吾岂不知无解之之术哉！然听其为害而不谋所以祛之，非国家社会之福也。听当局者措施失宜，而不一言，尤非国家社会之福也。吾今请论社会风习之坏，及唐、劳二公之误，更请进述补救之方。此实吾国国力所关，岂惟教育上之问题也哉！

社会风习之坏，至今日已达极点。而其致坏之由，半出于色欲，无可讳也。彼无人管束者，童年冶游，溺而不返。重者丧失性命，灭绝子嗣；轻者身患痼疾，遗母、妻、子。一人冶游，害及一家。其毁家产，败名誉者，更无论矣。管束过严者，率不免陷于手淫，于是青年夭折者有之，终身虚弱者有之，甚或秘密苟合，同性相奸，其为害更烈。夫国家、社会为一人一家所集成，人与家病，国家社会亦随之而病。吾恐吾国弱亡，将不在他事，而在此不加裁成之色欲也。然此亦不惟吾国，德之大学学生，什九染花柳病。日本高等以上之学生，什九有疾，其疾亦什九原因于酒色。惟其国人知研究，知裁成，又有精深之医学继其后，故为害尚不似吾国之烈耳。

世界愈文明，色欲之为害愈著，其故有三：一则刺激事多，神经敏锐；一则生计维艰，旷夫怨女之数多；一则年十四五，知识即开而结婚率在二十四五以上。此十年中，正血气未定，欲性最炽之时，苟非操守坚定，鲜有不为外物所诱者矣。

冶游之事，岂一禁所能绝？能禁其在学之日，不能禁其平日，尤不能禁其卒业之后也。不许公娼接待学生，不能禁私娼接待，尤不能禁苟合。况学生与常人，有何标帜，能令娼家识之，而不接待。禁令之事，必有最后之对待方法。设娼家违命接待，又将何以处之？此唐大臣禁令之不行也。劳公政策，尤为可笑。男女在社会之中，相接之机缘至多，岂惟星期放假之一日？社会之中，男女各半，岂学生之外，即无男女之性乎？男女学生之间，未必以放假异日，遂可绝其相接之机缘。学生以外之人，更无从以放假异日，而能绝其相接之机缘。然则是亦掩耳盗铃，自示表异耳。按之实际，毫无益也。

然则如之何而可？曰：凡事必探其本，清其源。解决此问题者，有政治上之方法，有教育上之方法。政治上之方法有二。监督公娼，以时派医验明，有恶疾者禁其营业，一也。取缔娼寮，不许接待未成年者（是否学生，无从判别；是否成年，极易判别也）。违者重罚，二也。教育上之方法有四。高小中学之修身科，诏以夫妻之制，与夫非礼行为之害，并注意训练，俾其严于束身，一也。中学博物科授生理卫生时，略讲生殖卫生与夫色欲之害，二也。建筑校舍，择空旷清静刺激鲜少之地，三也。奖励运动，既可强身，又可令其微感疲劳，易于安眠，自无妄思妄念之机会，四也。依此行之，虽不能谓其遂能免害，然亦可以稍减矣。

呜呼！吾国学子，受色欲之害，不自今日始矣。自昔诗书歌咏，提倡风流，名士美人，传为佳话。科举时代风气之坏，殆倍蓰于今日。诸公方令高小读《诗经》，授以桑间、濮上之篇，而欲端士习、励女节，岂可得乎，岂可得乎？

1911年

> **导读** 本文是一篇解读教学新制度的文章，讲了教育的年限、预科补习科、女学等三个问题。由于是一种解读，必带有作者主观的判断、好恶。

新学制之要求

今者教育部开临时教育会议，民国新学制，将于是会议决矣。会员皆一时之选，必能议定吾国最适之制度，以养成未来之国民，幸何如之。余平日主张，当为海内所共见，无待赘陈。今就新学制所必需之数端，略述管见，以充研究之资料。

（一）年限问题

教育部三次草案，各有其理由。但第三次表，将高小改为三年，并初小为七年，而将大学预科改为三年，此则不敢赞同者也。其改定理由，谓："中等程度以上，志在人成。修业期限，不妨稍久。而在普通学校，稍求智识，便即营生。修业期限，不妨稍短。"又谓："大学预科二年毕业，期限过短。外国语程度不足。"用意非不美善，然揆之吾国情形，必不相宜。以吾国文学之艰，外国语用途之广，义务教育即为八年仍有不足之虑。今虽不能骤臻八年，而留以余地，徐徐增加，其事甚顺。若缩为七年，则将来延长，必须增加总年限或牵动中学以上。为长久计，不宜改高小为三年。若谓缩短一年，所以令学子早谋生计，其说亦不甚确。肆业高小能至三年，则增多一年，当无不可。如果为早谋生计计，则小学当分为三级。初等四年，中等二年，高等二年。儿童任在何级毕业，皆可改途，既不妨国民教育之延长，又不妨学生之改业。较之高小三年制，似尚有一日之长。至谓大学预科二年，外国语程度不足，固也。然如高小列外国语为必修科，则以高小及中学习第一外国语；大学预科习第二外国语，当无不足之虞。况观察世界及吾国大势，普通国民，宜稍解英语，不惟讲学习业多所便利（专门名词，外国地名，皆非略解外国语不可），日用商业，尤为急需（商业上如商标及外国贸易等，日用上如亲友留学外国，非写外国信封，则万万不能邮寄）。若非高小列为必修科，断无普及之望，且妨害中学之授课。而高小如课外国语，又缩短修业年限，则时间万万不足也。鄙意当如下规定。

（甲）小学初等四年，中等二年，高等二年。

（乙）高小列外国语为必修科，以图普及，并与中学衔接。中学更深造之，务令能直接听讲。

（丙）大学预科仍为二年，以第二外国语为主课。

（二）预科补习科问题

普通教育，养成知识道德者半，教授学术技艺者亦半。愈初级之学校，关于前者愈多，关于后者愈少。学龄已过之人，就社会所经验，其所知必逾于学龄儿童。悟解之力，亦必较进。故学龄儿童四年授完之课程，施之年长者，二年已绰有余裕。日本中学五年，吾国留学生，则以二三年之预备，已可应同样之升学考试，其明征也。清廷兴学之初，为速成计，各种学校，每设预科、补习科，以短期授次级功课，法至美，意至善也。其后乃以奖励之故，禁止此项学校。或百方挑剔，迟其毕业。夫吾国初兴教育，办一学校，每苦无相当资格之学生，必设预科、补习科以养成之，自无待言。盖无预科、补习科，则非年长者无可入之校。即强令与稚子同班，夫人之年龄不同，心理脑力知识程度，无一不异，断不能令受同一之教育。强而同之，非年长者趣味全无，徒耗光阴，即年幼者，勉强企及，损伤身体。设有一人于此，年十四五，未曾读书，欲入初等工业学校（高小程度），将令其入初小预备四年乎，吾知其势必不能也。何如设一二年之预科，将初小功课，缩短年月课之。正式初小，注重启发训练，速成补习，偏重注入智能。正式初小儿童，社会之事，一无所晓，讲述日常之事，已占重要部分。补习学生反是。故时期虽短，成绩必相仿佛也。推而上之，中等高等，亦复如是。苟设预科、补习科，则年长失学之人，不至废弃，成才自多而速。教育以养成人才为目的，非视年限讲资格也。鄙意规定如下。

（甲）与高小同程度之学校，得设二年预科，程度视初小。与中学同程度之学校，亦得设二年预科，程度视高小，并可就本科需用之学科，特加注重。

（乙）无论何种专门学校，于本应设立之预科外，得设补习科，授该校入学必需之学课。

（三）女学问题

近世论女学者多矣，其方针大别为二：曰贤母良妻主义；曰男女平等主义。后者吾非极端反对，然吾国今日，断不相宜。盖女学方针，与家庭组织、社会习惯，关系綦重。离社会而讲教育，失教育之本旨矣。近来年少女子，颇提倡家庭革命、男女平等，而己身仍不免寄生于男子，举动形式，亦不免为男子玩物之消。更或借口自由，荡检逾闲，此可目为社会之蠹，非可与言教育也。吾国女学，成绩不良，原因于好高骛远。好高骛远之由来，则以女子虚荣心太重。办学者不肯矫正之，反投其虚荣心，以图见好。由今之道，毋变今之俗，养成女游民则有余，养成国民之母则不足。吾甚为女学前途危也！吾意女学程度不妨稍浅，而须切实精熟，不可徒争门面，壮观瞻。至女子教育，当采之主义有三。一曰家庭主义，即养成主妇，以改良家庭者也。吾国以家族为本位，家族善良，则国家之分子健全，家族不善良，则国家之分子不健全。不改良家庭而欲改良社会，是欲缘木而求鱼也。二曰教育主义，即养成师范以教育未来国民者也。此主义半附属于前者，即教育自己子女也，半附属于后者，即充当教员也。三曰职业主义，即授以谋生之能力，而为自立计者也。人之能否自由，视其能否自立。天下断无不能自立而能自由者也。世之提倡女子职业者，或以欧美为例，然社会习惯不同，颇难强就。如商店员等，在外国为女子重要职业，吾国则一时实不能行。然即小学教员、裁缝、蚕桑、纺织等事，苟女子尽力为之，已足应女子职业之求。今则裁缝一端，尚让男子为之，诚女界之耻也。总之，女子教育须养成好女子好妇人。侈言高远而无裨实际，则劳而寡效矣。鄙意女子教育，当规定之如下。

（甲）高等小学，加家事科，中学第一、二年亦然，并注重裁缝、烹饪之实习。

（乙）中学加教育大意。

（丙）多设女子职业学校，裁缝、蚕桑、美术尤要。

1912年

导读 这同样是一篇谈新学制的文章，题目虽为批评，但实则是一种客观的分析研究。民国时期的批评或批判并不如今日人们所理解的那样是对一种错误的指责，比如李长之就写过《鲁迅批判》。

新学制之批评

余好言教育，尤好谈学制。前清时代之教育，无方针，无方法，非以牖民，实以愚民，非以教育儿童，实以戕贼儿童。办学愈久，去教育原理愈远，余辈之批评主张愈多。盖至浅极显之学说，彼等皆未尝梦见也。

客岁南京政府成立，蔡先生任教育总长。暂行办法十四条，合乎教育原理及吾国人情风俗，较之前清进步多矣。迨南北统一，政府北迁，教育部人才，既皆极一时之选。益以临时教育会议，集千百人之见识经验，而议定种种制度，其妥善可行，夫岂待言。余等向所主张各说，缩短在学年限也，减少授课时间也，注重实利教育也，无不见诸实行。自此以后，吾辈非覃思熟虑，确具心得，不敢以至浅极显之学说，肆其笔舌矣。吾为吾国教育前途幸，吾尤为吾国未来国民幸也。

虽然，智者千虑，必有一失。天下之事，只有比较的善恶，无绝对的善恶也。新学制之大体，吾无间然，且亦有不必纷纷主张，致朝令夕更者。然有数事，确为新制之缺点，余客冬在都，曾与教育部诸君再三言之，今更撮录于此，以为吾《（中华）教育界》之社说。

一曰：初小第四年算术时间太少；高小第二年算术教材太少，第三年太多。余前岁著《普通学制议》，算术科采最近学说。主张初小第一年授二十以下之四则，而读法、数法扩充至百。第二年百以下之四则，读法、数法扩充至千。盖计算之方法从浅，以免伤儿童脑力，数法之范围从宽，以便日常应用，并为提早笔算。第四学年，多课珠算也。南京教育部本拟采之，后有人病其创见而中止，实则日本近已采用矣。今姑不论此。但初小第四年，以每周五小时之光阴，而欲课通常四则简易小数及珠算之加减，势必不能。吾国珠算之用至大，初小至少须习至乘法初步，能于三、四两年各课八十小时（即每周二时），或于第四年课百二十时（即每周三时），或可应用。新章虽未明定珠算时间，然依第四年算术共五时计之，必系每周一时，不言可知。此于儿童谋生，家庭信仰，皆有损害，不可不亟图之。至高小算术之分配，全依日本旧制。殊不知日本当日之制度，高小前二年为一结束，二年修满，或入中学，或改他业。故第二年新教材少而复习多。第三年为第四年之前半，故第三年新教材多而复习反少。吾国既采高小三年制，则三年当共为一结束。第二年既不结束，自应新教材多而复习少。第三年则小学七年，于兹告竣，自当有一大结束，而注重复习。订此课程者，未研究日本之教授细目，未明结束之理，遂有此误。然实际则第二年嫌教材太少，第三年嫌太多，且无复习之余地，非速改不可也。

二曰：英语之疑问。余主张高小以英文为必修科者也。如不能作必修，则毋宁不课。然此次新章，仍以英语为第三年随意科，且申明之曰：视地方情形，可自第二年始。此则吾所不解者也。高小设英语为随意科，盖本诸日本。然日本旧制，以高小二年衔接中学，高小三、四年为不能入中学而欲深造者设。其课英语也，注重日常应用，以为谋生之资。新制则以小学六年直接中学。高小仿法国办法，为课初等实业之用，故或课农业，或课商业。课商业者，方课英语。盖皆为不入中学而谋生者设，且彼中学五年卒业也。今吾国中学四年卒业，英语是否足用？英语足用，则高小或可不课，以省费用，且可以修英语之时间修他科。如中学四年，英语不足用，则高小不得不课英语，以为之预备。如以加课英语为谋生计乎？则当今之世，除山村之民，与世隔绝，专务农业者之外，未有不需英语者。绝不能判何地之民处世当用英语，何地之民不当用也。矧今之高等小学，固明明为正系普通教育，其毕业程度，固以升入中学为准。高小以英语为随意科，且可任意授二年或一年，则将来中学收入之学生，其英语程度当有下之三种。

（甲）已习英语二年。

（乙）已习英语一年。

（丙）未曾习过。

夫以中学主课之英语，而入学者有三种程度，中学第一年教科，将以何者为准则乎？强高就下，趣味毫无，强劣就优，躐等维艰。授英语者，断不能强编初习 ABC 者与已习二年者于一级之中，于是种种困难，缘之以生。前见北京高师附属中学，分一年级为二组。询其故，则以英语程度不齐，不能强合对。夫英语作为随意科，岂惟英语程度不能齐一，即国文、算学，亦必以英语之加课与否，受时间之影响。（英语时间减，国文、算术时间充之。）鄙意中学既改四年，英语必嫌不足。高小英语，以作必修科为宜。而高小功课，第三年已嫌繁重，第二年却尚轻简，苟定英语为高小第二、三年之必修科，每周匀二时授之，当不为难。有此一百六十时间之英语，升入中学，则中学四年之英语，亦可与前此中学五年相等也。

此外尚有三事，皆当研究之问题。（一）农、商业是否当为正系高小之必修科。（二）以吾偌大且古之国，历史、地理之时间，是否与日本相等已足。（三）女子何以不设家事科，国文科女子所用读本，家事要项，如何加法。（意谓别编女子用书乎，抑加于与男子通用之课本乎。）余以人事匆匆，又以教育界之出版期迫，不暇详言，俟诸异日。

1913年

> **导读** 　将女子的教育单独拿出来讨论，本身即表明了男女有别，二者教育上尽可能存在一些差异化，对于女子的教育方法不能和男子完全相同。

女子教育问题

近世论女子教育者，甚嚣尘上矣。究其实际，则偏激之流，直欲同男女之效用；老朽之俦，仅欲令女子粗识之无。其实皆非也。余以为欲定女子教育之主义，须先决女子之效用。就以上二说及余所主张，女子之效用，约分三类。

甲、激烈派

女政客。

女军人。

女工程家。

女商业家。

凡男子可为之事，女子举可为之，教育当与男子平等。

乙、顽固派

女子无才便是德，只要识几个字，能看家信已足。

女子有父、夫、子赡养，不必谋生。

凡男子可为之事，女子举不能为，无所谓教育。

丙、余之主张

女子将来为人妻，当受妻之教育。

女子将来为人母，当受母之教育。

女子不能全恃男子赡养，当择己所能任之职业任之。职业以女子性质、能力可胜任，又不为社会所障碍者为断。如农家之养蚕，工业之裁缝、刺绣、纺纱、缫丝、订书，学校之教员，以及图画家、音乐家、著作家等。

不能为政客，不能为军人，不能为工程家，以女子性质能力不宜也。不能为商业家，以吾国社会习惯不宜也。

今试就上三说而说明之。女子之性质，柔弱而优美，限于生理的作用，无可如何。吾岂不欲吾国骤增加倍之政客、之军人（意谓女子能之，则倍于现有之男子也），而必窒遏之，无如实际不能，犹之牝鸡不能司晨，无可讳饰也。若天下女子，竞为男子事业，则妻之持家，母之育儿，将令孰任？如激烈者所主张，岂果强令男子为之，以泄数千年女子之愤耶？岂果舍吾文明而效陋俗耶？况就生理而论，激烈之政争，极剧之工作，女子万不能堪。即使能之，而一遇胎产，则一年数月之光阴消于无形，政争必难持久，工作势必中止。吾知即有女政客、女军人、女工程家，世亦莫敢用也。此甲说之过也。

近世文明进步，即使女子不为职业计，家政育儿，皆非学识，不为功，仅识之无，安能敷用？妻有妻之教育，教育不备，则衣食住纷乱，而夫与己胥受其害矣！母有母之教育，教育不备，则教养无方，而子女胥受其害矣！况夫计算不明，常为人欺。（余曩见邻妇不明计算，每日买水三担半，每担五文，日给二十一钱，已年余矣。其子在校略习加减，一日大呼告其母，谓只要十七个半钱。其母亦恍然，乃痛骂挑夫而绝之。）卫生不明，易损生命。（此类事难以数计。）词不达意，辄生误会。（某妇致夫书有"使人"二字，误作"死人"。其夫星夜赶回，买棺至家。此事良可发笑，然近日女校学生作别字者，殆可车载斗量也。）然则女子教育，固可以粗识之无为主义耶？此乙说之过也。

余之主张，毫无意气容其间。诸君试思，何家无妻，何家无母，何人不赖适宜之职业以生活？以妻之教育，母之教育，适宜职业之教育，为女子教育之主义，岂有丝毫谬误。若谓不然，则必女子不为人妻，子女不为母育而后可。至不适宜之职业，非不见信用于世，即以戕贼女子，夫岂主持教育者所当有事乎？

由是观之，女子教育之方法，必不能与男子从同可知矣。盖男子当期其为公民，为军人，不必令为人妻，为人母也。男子当任与世界潮流竞争之职业，无生理风俗之限制也。知此则女子教育：

第一，当养成贞淑之德，和易之风，并授以家政之智能，期可以为人妻；

第二，当养成慈爱之性，高洁之情，并授以育儿教子之技能，期可以为人母；

第三，当设女子师范学校，女子裁缝、刺绣、蚕业、图画、音乐等学校，期可以习一业以生活。

教育行政官厅乎，女子教育家乎，苟欲吾国女子能为妻母，能自生活，必自男女异教始。小学无甚问题。中等教育，绝无男女同学之余地。若夫特出之女子，愿于中等教育修完后，研究高深之学术，当认为特别情形，入男子大学也可，另设女子大学亦可，非可一概论也。

1913 年

导读 作者依据当时现实，提出选出类拔萃者，习高等专门学问，使之成为国家中坚力量；选资质中等者，学一技之长，谋生为主。无此两项，国民教育愈普及，识字游民愈多而矣。这种思想于今日仍有大益，今高校大学毕业生之众，但真具有钻研创新和一技之长之人却比例较少。

论人才教育、职业教育当与国民教育并重

十年以往，兴学者辄侈言大学、高等，而轻视小学。于是内则京师大学，外则各省高等学校，不问学生之有无，教员之善否，同时并举，建筑开办之费若干万，经常费用若干万。办理不善，成效鲜睹，诟病之声，洋溢国中。于是舆论一变，谓必先有小学而后有中学，有中学而后有大学。注重国民教育之声，举国风靡，至近五六年而极矣。然而多数之学生，智、德、体三者，未曾愈于曩昔。而人才消乏，上下交困，反日甚一日。教育救亡之论，几疑其为虚诞，此其故何也？盖前者为无本之木，无源之水，其枯而涸，亦何足怪。后者则如惰农之治田，不知耕锄，不知培植，杂五谷丁莠稗之中，虽溉之壅之，而卒不能收获也。庚戌之夏，《教育杂志》增刊《世界教育状况》之出版，余作绪论冠其首，曾标国民教育、人才教育、职业教育三者并重之说。是夏同人组织中国教育会于京师，余起草会章，复以是三者列入会纲。顾言之无文，说焉不详，不足以动人观听。民国成立以来，国民教育、社会教育之说盛行，人才教育、职业教育几在屏除之列。说者谓民国贵平等，故教育当采水平线的，不当偏重人才，以生阶级。人生贵有世界观，故当重美育，而不必孳孳于实利。

是说也，以理论言之，未尝无一日之长；以事实言之，则国民自杀之道也。夫国民教育，以水平线行之，所以使全国之人，具有人生必不可少之智识，以为国家之基础也。人才教育，则以出类拔萃为宗，所以使天才卓越之人，习高等专门学问，以为国家社会之中坚也。职业教育，则以一技之长，可谋生活为主，所以使中人之资者，各尽所长，以期地无弃利，国富民裕也。一国之立，非有曾受教育之国民，则风气塞陋，民俗愚顽。为民谋乐利，民反阻之；欲事改革，尤戛戛乎其难！此固吾国数十年来曾受之痛苦也。昔者，对于国民教育，漠视太甚，致有近数年之反动。几若各种教育，皆可任其有无，独国民教育当推行也者。然以吾国今日情状言之，人才教育、职业教育，殆较国民教育为尤急。目下国家社会之中坚，大半犹为曾受旧教育之人。文化日开，需用人才日多，如不早为培植，将来老成凋谢，继起无人，实为国家社会之隐忧。富而后教，古有明训。若饥寒不免，虽欲教育子女，力亦有所不能。况兴办学校，需费良多，决非一钱不名之社会所能藏事。旷观中外教育发达之程度，无不视贫富为比例。而非职业教育兴盛，实业必不能发达，民生必不能富裕。故吾以为今日欲救危亡，第一须有人才，第二须有款项。有此二者而无国民教育，犹可力支危局，徐图补救。无此二者，即使国民教育真能普及，而国无栋梁之恃，民有破产之忧，国已不国，则彼普及之教育，亦昙花一现而已。况主持学务，必需人才，维持学校，尤恃款项。无人才，无款项，国民教育决无由普及。而无人才教育、职业教育，则国民教育即使普及，亦不过增无数识字之游民而已，此非吾之澜言也。近年卒业中、小学者颇不乏人，然类皆无所事事。揆厥原因，约有数端。中、小学校，办理不得其人，款项又复支绌，因陋就简，成绩不良，升学则程度不足，改习实业则学艺又不足应用，此一因也。教育界之人才、款项，两俱消乏。高等专门学校，寥若晨星。职业学校，更如景星庆云，亘全国不数见焉。虽欲深造，而无升学之所，此二因也。实业界之人才、款项，亦甚缺乏。企业者寡，用人自少，此三因也。有此三因，于是教育愈普及，识字之游民愈多。天下可叹息之事，孰有过于此者哉！今日对于国民教育，尚有人知注重，尚有人能从事，其他政治、实业，亦尚有少数任事之人，未尝非前此兴大学、专门派学生出洋之效果。向使当日仅从事国民教育，恐人才消乏，尤甚于今日，欲求如今之现状而不可得也。各国兴学之历史，亦非先从事国民教育，良以国民教育之普及，其事至艰，为费至巨，可渐几而不能一蹴就。其事虽重，其效甚缓，特百年树人，为国家长治久安、日进文明之大计，轻视固不可，屏弃百事而仅从事于兹，则尤不可也。人才教育、职业教育所费不多，收效至弘且速。日本明治五年开大学，明治十四年方实行义务教育。然推行至今，犹未达普及全国之目的。大学人才，早已辈出，为国桢干矣！吾意：我国教育办法，须分三期如下。

第一期

（甲）国民教育渐次兴办。师范学校，尤须注意，务使适用。目下师范卒业生万难敷用，可多设教员养成所以助之。

（乙）维持现有之大学。

（丙）酌设规模弘大之高等、专门学校十数所。

（丁）联合数省合设甲、乙种实业学校、实业教员养成所若干所。

（戊）多派中学以上卒业者出洋留学。

第二期

（甲）就开通省份，试行义务教育。

（乙）扩充已有之大学。

（丙）多设高等、专门学校。

（丁）各县均设甲、乙种实业学校。

（戊）派专门或大学卒业者出洋留学。

第三期

（甲）实行义务教育。

（乙）添设大学及专门学校。

其尤当注意者如下。

第一，注意师范人才，勿令其太多，勿令其不足。

第二，第一、二期内，一面专设大学及专门，一面多派留学。

第三，款项当以六成办普通教育，二成办人才教育，二成办职业教育。今日财政分配未精，万不可惑于国税、地方税之说，过分界限，当统筹全局用之。否则非如昔之全用于高等教育，即如目下之地方有税，国家无款，大学、专门，岌岌可危也。

嗟夫！大学有停办之说，留学有减少之举，高等、专门，叹风雨之飘摇，甲、乙实业，更开办之无期。循是以往，窃恐他国之人才，将为吾之栋梁；他国之实业，将充斥于吾国。是非以教育救亡，直以教育促亡矣。大政方针，言人才教育以实业为主，仍世俗人云亦云之谈。盖人才范围极广，立国于世，何才不需，岂仅实业而已哉。

民国二年十二月，余历江宁、济南而至天津，所至之处，小学渐见发达，而人才教育、职业教育，不惟不进，反有一落千丈之慨！舆情如是，可贺亦可危也。辄书吾之主张，以审国人。旅邸嘈杂，行箧乏书，言既无文，意犹未尽。他日有暇，当更引申发明之。

1914年

导读 中学教育在当时是人生的重要阶段，因为除了少数继续接受高等教育的人，当时大部分的中学学生都将马上步入社会，他们的责任意识、个人修为和常识的积累将在社会上加以检验，随时面临社会的淘洗。

敬告中等学生

（一）中等学生之幸福及责任

中等学生云者，较小学学生高一级之谓也。其别有三：曰中学校学生；曰师范学校学生；曰甲、乙种实业学校学生。吾国教育，未臻发达，中等学校为数殊鲜。综计之，中学不过三四百，师范不过百余，甲、乙种实业学校，则仅七十余而已。平均每校二三百人，总计不足二十万。夫吾国人口四万万，青年子弟，当在四千万以上，而肄业于中等学校者，不足其二百分之一，岂不大可哀哉！而诸君竟出类拔萃，不为彼二百分之一百九十九，而为此之一分，其境遇之可喜，责任之重大，更何待言。吾愿诸君念此而自警惕也。

抑更有进者，中等学校学生，大率为中流以上之子弟。下焉者，虽天资、学力均可优为，而因经济之关系，势不能不望洋兴叹。卒业之后，在中学生，或进受高等教育，蔚为国家之栋梁，或出而应世，执中流以上之业务；在师范学生，则教育儿童，为将来国民之导师；在实业学生，则各就其所习专门之技术，从事实业。小之为一家糊口，大之殖国家之富力，较之未受中等教育者，相去奚啻霄壤。吾非谓未受中等教育者，不能具学识而膺上等职务也。特一则恃数载教育之力，一则恃多年奋斗之功，一则尽人皆可跂及，一则非才智毅力卓绝者，不克出人头地。其难易岂可言语形容哉！诸君得父兄庇荫，免为其难，仅恃数年肄业之力，遂能在社会上执中等以上之职务。其境遇之可喜，责任之重大，复何待言。吾愿诸君念此而自警惕也。

国家之成立，必有一种人为其中坚。吾国昔时之中坚在士，昔圣先贤之所立言，皆为士而发。政治上、社会上种种重要职务，皆为士所任。迨至晚近，政治上、社会上之事权，无一不在秀才、举人、进士、翰林之手。其非秀才、举人、进士、翰林者，尚须捐一监生以为进身之阶。僻小之县，一秀才、监生，均可顶戴辉煌，俨然绅士。其非焉者，虽巨富大贾，不能厕身于士夫之林也。新教育兴，旧制斯废。其为国家之中坚者，须具普通之学识能力。其具此能力者，以中等学生为最易而最多。他日国家社会，将以中等学生为之中坚，可断言也。嗟乎诸君，果如何方可自淑其身，而达此国家社会中坚之目的乎？

（二）人格之修养

立身社会之上，非有高尚之道德，康健之身体，则不能得社会之信用，耐心身之劳苦，而一事不能为，一业不能就，遑云国家社会之中坚哉。英吉利之教育，以养成人格为第一义，诚知所先务也。近年学校渐兴，教科亦有进步，然注意于灌输智能者多，注意于养成人格者少。殊不知，道德沦丧即使学贯天人，亦毫无价值。其才与学，不过以为济奸作伪之资料，害社会国家以害一己而已。况我国风俗，崇尚品行，文人无行，自古鄙之。言忠信，行笃敬，虽曰未学，亦可谓之学矣。故必智德兼全，始可谓之完人。苟不能者，宁德胜于智。盖德胜于智，尚不失为谨饬之流，虽不能膺大任，冀大发展，而谨守固有余也。若智胜于德，其不流于邪僻者鲜矣！且德本于天性，谨守而善充之，无人不可为君子。智识须视天资，其能不能，与夫造至何种地步，均有限制，非如德之身体力行，其权操诸一己之心性也。品性高尚，复尽己之力以求智识，则大成小成，均可立身。舍德而言智，德固失矣，智之成就与否，尚在不可知之列。即使其能成为上智，而根本既失，亦不足取。况学问之成，原于勤勉，而非中心有主，无愧屋漏，虽曰勤勉，亦有所不能哉。是德又为智之本矣。嗟乎诸君，学生之求学，固为求智识，然一经堕落，不惟为名教罪人，为社会不齿，即所欲求之学识，亦扫地尽矣。谓余不信，请诸君拭目以观。彼道德堕落之学生，学识迈人者有几？徒见个人身败名裂，家庭受其累，社会蒙其害而已。吾言至此，吾不禁为我青年前途危，尤为我国家社会前途悲也。

青年多病，论者或谓其由于功课之太重，勤勉之过度，以吾所闻，则均非是。质言之，青年之多病，均酒色二字为之。他种青年，非无溺于酒色者，然以劳力不劳心之故，其弊尚轻。若夫学生社会，平时既以酒色戕贼其身体，考试之时，复临渴掘井，深夜不眠，于是危及生命，或成废疾。即不尔者，亦复神志昏丧，考竣之后，学课随忘。嗟乎诸君，诸君幸有贤父兄，令其求学，复得种种机遇，以成其为中等学生，肩将来国家社会中坚之重任。而乃如此，试问子职何在，国家之义务又何在？即使诸君不知父母之劬劳，不知国家为何物，宁独不为一己计乎？道德高尚，心身泰然，可以立身，可以求学，可以康强，可以长寿。反是则为身败名裂，为学问荒疏，为疾病，为夭折。何去何从，何取何舍，三尺童子，亦知辨别，讵诸君而不知乎？吾敢决其不然也。然则诸君何以多数如是，曰其病根所在，不外贪一时之安乐，昵匪人之友朋而已。彼堕落之辈，当其为不道德之行为时，中心曷尝不知其为非，曷尝不受良心之裁判。而沘盈于颡，其所以终致堕落者，则一时不能自制其欲念，与夫匪友之怂恿而已。余敢敬为诸君告曰，诸君苟欲不堕落，必须时时制止其欲念，交益友而远损友。如道德之心尚不能完全制止其欲念，则运动以劳其筋骨，冷水浴以清其脑筋，固其体肤，不阅无益之书，不临非礼之地。苟能如是，吾可决其必不堕落。不惟不堕落，且可决其能成大器也。诸君勉乎哉！

（三）常识之涵养

中等学生，果需如何之学问乎？实今日众议纷纭、莫衷一是之问题也，吾不暇细加讨论。且法令、校章具在，主校事者循而行之，学生循而受之，即有论列，亦非学生所能自主也。吾今所欲言者，即中等学生常识如何涵养而已。

常识之重要，近世学者，类能言之。大别为二：曰自然界之常识，曰人事界之常识。日月地之运行，风云雷雨之变化，动植矿之形态，人体生理之组织，均自然界之常识也。古代无此种智识，故孔子曰："迅雷疾风必变。"以及日月蚀之救护，旱潦之祈祷，乡村愚民更淫祀以求福，数千年来率行不悟。而科举时代之极弊，驯至子弟不辨菽麦，遑云其他。此非无自然界常识之铁证乎？友朋社会之交际，婚丧葬祭之礼仪，物价之高低，舟车之交通，议员如何选举，租税如何完纳，书札如何缮写，邮电如何寄发，均人事界之常识也。吾国学生，仅知读书，于此种知识不甚留意。驯至一出校门，茫然无所措手足，置身社会，多遭失败。究其原因，由于学问不足者，固亦有之，而大半均由于无常识也。

常识与学问，似同而实不同。涵养常识与研究学问，更似同而实不同。今举例以明之。作出拟电之文字，出于学问者也。其格式称谓，以及措词之轻重，寄发之手续，则仅恃学问必不能行，非有常识不可矣。换言之，学问之为物，偏于理论或技术。常识之为物，偏于实际及应用者也。惟其如是，故学问可通于环球，常识必切于本国。惟其如是，故学问可求之异邦，常识必求之本国。非然者，学问即高，其如不适何！（童年留学外洋，归国恒不适用者，即此故也。）

涵养常识，随在皆可为之，殊无一定之方法。吾今略举数端，不过助诸君入手而已。

（一）多阅书报也。寻常阅书，固可助学问之研究，然其对于养成常识之价值，实高于学问方面。所阅之书，如科学小册子、文学丛书及处世修养、传记、游记、笔记等，均极有裨益。日用文件尺牍等，为应世第一武器，尤不可忽。杂志、日报应选阅二三种，须自首至尾，悉心读之，即广告亦不可忽。尤当注意者为杂志之论文及日报之长篇记事。不可仅阅电报、杂记及有趣文字。（电报取其迅速，已入世者，最应注意。学生以明事之首尾为贵，故长篇记事，最为重要。）

（二）多游历而注意观察也。知识之养成，多由耳目输入。然百闻不如一见，目之效用，实远过于耳。观书用目，尚为间接，不如直接观察之有益。最好三五同学出外游历，始而本城镇，渐及乡村，渐及地方。沿途所见事物，留心观察，归而记之，或加以批评。记毕，彼此交换阅看，以见各人所见之深浅，批评之当否。此举于自然界、人事界均有大效。苟能行以岁月，将来入世，自无扞格之虞矣。

（三）留意师长及名人之谈话也。此举亦极有效，但须辨别其是非，明了其用意。如系有为而发者，尤须研究其原因。

（四）多赴讲演会、游艺会也。此举有三益：听名人之讲演，观他人之成绩，可以裨我见闻，一也；见他人交际情形，可以研究交际之道，二也；可多得朋友，且可多见名人学者，三也。

此外方法，不胜枚举，要在自己留意而已。吾见中等学生多矣，即吾局职员、学习员中，出身于中等学校者，亦非少数。其最多数之缺点，不在学问之不足，而在常识之不完，即吾国旧日所谓阅历太浅也。然阅历之深浅，视历事之多少。其一方面增进经验，一方面增进常识。然非先有常识，则经验决不如有常识者之精深。何如于学生时代，涵养充足，他日出而问世，既可以减少失败，且可于同一时口之中，得深于他人之经验。是予所厚望于诸君者也。

1918年

导读　　我们常说，老师是人类灵魂的工程师，细读这篇，便明白这句话真正的涵义。

灵魂与教育

卢骚论教育之目的曰："教育者，所以作人也。"今世最新教育学说曰人格教育学者，其论教育之改良曰："现代物质文明，极形发达，精神文明，不能与之同时并进。常人为生活所迫，欲望所驱，于是机械心盛，人格堕落。欲矫正之，须训练意志，启发天性，以养成人格。至教授之材料，不可专重科学。应以美术养其情，宗教瀹其性，务使为良心之主张，自由之服从，方能以精神生活使人格高尚；家庭、学校、社会、国家日趋善良。此固教育之极则，而共和国所尤亟者也。"谭浏阳之言曰："好生而恶死，可谓大惑不解者矣。盖于不生不灭懵焉。懵而惑，故明知是义，特不胜其死亡之惧，缩朒而不敢为。方幸于人祸之所不及，益以纵肆于恶，而顾影汲汲，而四方蠢蠢，惟取自快慰已尔，天下岂复可治也！今使灵魂之说明，虽至暗者，犹知死后有莫大之事及无穷之苦乐必不于生前之暂苦、暂乐，而生贪著厌离之想。知天堂、地狱森列于心目，必不敢欺饰放纵，将日迁善以自兢惕。知身为不死之物，虽杀之亦不死，则成仁取义，必无怛怖于其衷。且此生未及竟者，来生固可以补之，复何所惧而不亹亹。"（见《仁学》）吾认以上三说为教育之根本。顾所怀疑者，人，果何物也；精神生活，果如何也；灵魂，果有与否也。世俗之释"人"曰：是人类之一分子也，国家之一分子也，社会之一分子也，家庭之一分子也。又曰：具五官，备四肢，能行动，有意志者谓之"人"。以吾言之，是特人之表现者耳，非人之所以为人也。世之论精神者曰：形而上者谓之精神，心的作用谓之精神，意识的作用谓之精神。不知此特精神之显象而已，非其本体也。灵魂之说，广矣大矣。是人之所以为人而精神之本体也，顾无术证实，则无征不信。以谭浏阳之智慧，仅望明其说而已。则灵魂之说，渺茫难稽，不能家喻户晓，从可知矣。吾久欲荟萃以上三说应用于教育，以挽今世颓败之风俗，陵夷之教化，而苦无根据，苦无方法。不敢昌言，亦无从着手，故怀而未宣也。

今秋同人有灵学会之组织，会中设盛德坛，圣神仙佛相继降临。鬼神之说，既已征实；灵魂之理，亦复讲明。而仙佛对于儒教，推崇备至，称述《大学》《中庸》《礼运》诸篇，尤为恳挚。爰取童时诵习之书，加以玩索，乃知吾所希冀之学说，实我圣贤数千年所已发，于戏盛矣！

《中庸》曰："天命之谓性，率性之谓道，修道之谓教。"又曰："致中和，天地位焉，万物育焉。"朱注："育者，遂其生也。"率性修道而遂其生，实教育二字最精之解释，亦即其最上之目的也。朱子《大学章句序》曰："其学焉者，无不有以知其性分之所固有，职分之所当为，而各俯焉以尽其力。"此实教育最良之方法，最后之效能也。夫曰率性，曰性分之所固有，是人生于躯壳之外，更有所谓性者。曰天命之谓性，是性出于天。所谓天赋、天禀者，皆性也。惟儒教释性，以为人物之生，因各得其所赋之理，以为健顺五常之德。儒不言轮回，故谓性与生俱来。然前乎生者，性果何在？后乎生者，性果何往？不如佛言灵魂之有终始。故吾以灵魂二字，代吾意想中所谓躯壳外之人，而下教育之定义曰：教育者，教育人之灵魂也。彼心理学上所谓之意志，生理学上所谓之脑知觉，皆灵魂也。其不同者，则灵魂为物，不限于人之生存，而意志、脑知觉，则生前死后，均无其物也。易言以明之，意志、脑知觉与灵魂，即为一物。惟前者粗而后者精，前者其表现其作用，后者其本体也。更进一步言之，前者有生有灭只有现在，后者不生不灭，永久存在。

吾人向辟迷信，不知灵魂之为物，其浅陋固不足道。今既确认有灵魂矣，则连带之学说，亟当承认者。宇宙之间，确有主宰，即吾人所谓之天，欧美所谓之God。人死之后，视其业力之高下大小，为圣神，为仙佛，为善鬼，为恶鬼。人以灵魂为本体，躯壳不过灵魂所凭藉耳。人生数十寒暑，自躯壳言之，是为一生。自灵魂言之，则一刹那而已。躯壳之苦乐，非真苦乐，灵魂之苦乐，乃真苦乐。且有躯壳苦而灵魂乐者，如苏武节、常山舌是也。亦有躯壳乐而灵魂苦者，如曹操牛，秦桧鸭是也。此理一明，则上帝临汝，毋贰尔心，如在其上，如在其左右。存心养性以事天，夭寿不贰，修身俟之以立命。充此精神，白刃可蹈，爵禄可辞，忠孝节义，视为庸言庸行，视为人之义务，人心安有不善，天下安有不治者哉！精神教育至此，方能利用物质文明而遂人生也。否则物质文明，不过助机械心之发达，为堕落之渊薮而已耳。

或谓子所主张，不几于欧洲前此以宗教为教育基础乎？则应之曰：不然。吾所主张，系采宗教之精神，非用宗教之仪式，尤非以教育事业授诸宗教者之手。欧洲中古以来，教育之权，操之教会，其弊不可胜言。其后政教逐渐分离，法国于一九〇五年议决政教分离之法律。自是以后，除教会自设讲宗教之学校外，不得设立他种学校。其已设者，渐次由国家收回，或封闭之。至一九一四年，即我民国三年，方告肃清。自是以后，教会设立之学校，绝迹于法兰西矣。法国非不主张宗教也，实以教会分政治之势力，且以罗马教皇为其后盾，使国家行政极感困难。今试举其一例，法国教会主教，虽由法国政府任命，然须得教皇同意。法政府授主教以冠冕，更需教皇授以指环及拄杖。如教皇不同意，则拒不之授，主教之资格，因以不完全，而不能约束信徒。更或政府召主教令任某事，教皇忽免主教之职，教皇之专横如此！主教复以教皇为护符，政治家深恶痛绝，不得不演出政教分离之举。实则法国非反对宗教，乃反对利用宗教之势力以妨碍政治也。讲教育者，当知欧洲教育之本原，实出于宗教。惟以教会泥于仪式及干涉政治之故，遗害国家，驯至政教分离，非有憾于宗教学说也。

近人断断于孔道为宗教非宗教之辩，何教适宜于我国之争。吾以为皆非也，皆未能于灵魂之道，鬼神之理，真知而灼见之也。今既知天地间确有主宰，确有鬼神，灵魂确能存在，死后确有苦乐，而以人生业力为其本原，则宗教之理，人生之道，无不迎刃而解。此义既定，则采各教教义以助我化民可也。采各教育家学说，以助我教育亦可也。更集合种种科学，种种物质文明以为我用，亦无不可也。何必入主出奴，何必定于一尊。盖伊古以来之宗教家、教育家，无一不以人性教育为其目的，即无一不有裨于灵魂。何必强分界限，以自狭其教哉！

呜呼！众生泯梦，至今日而极矣。愚者终日贪嗔，群溺于声色货利。智者看事太破，有日暮途穷之感。且以喜乐，且以永日，甚至纵欲败度，稔恶无忌，岂真人性之恶哉？亦由于不知躯壳之外，尚有灵魂，数十寒暑以外，尚有无穷岁月也。吾以为欲救今世之末俗，收教育之效果，必从阐明灵魂，启瀹灵魂入手。其下手之方无他，采宗教之学说，为精神之训练，藉星期之余暇，为灵魂之讲演。使人人有无穷之希望，知天理之昭昭，夫然后有治平之望也。世之君子，当不河汉斯言。

1918年

导读 本文是一篇全方位讨论学习的文章，在文章中陆费逵旁征博引，以中国古代圣人的言论作为基础，他强调："读书之道有三：读书、习艺、研索是也。

论 学

许氏《说文》训学曰："觉悟也。"朱子注《论语》曰："学之为言，效也。"西文学Science之语原，从动词变化而成，有知之之意。求知，效也，已知，觉也。故学也者，始于效，即始于求知，终于觉，即终于已知。效为入手之方，觉乃成就之道也。

前人觉者既众，所觉者又以觉人，于是有途径可寻，有阶级可升，而学为一名词矣。孔子曰"学之不讲"，老子曰"为学日益"，此所谓学，皆名词也，非作觉、效解之动词矣。

吾今所论之学，其本体则名词也，其方法则动词也。请先论其本体而后述其方法。

学果何物乎？曰：道与理而已矣！礼、乐、射、御、书、数，以及文学、政学、农学、工学、商学等，皆艺而非学也。盖学也者，近之，本性分之所固有，为职分之所当为。远之，究造化之蕴，穷自然之理。立己立人，达己达人，放之可弥六合，卷之则退藏于密。孔之成仁，孟之取义，墨之兼爱，佛之慈悲，庄、老之无为，程、朱、陆、王、之明道，乃至近世科学家学理之发明（此仅指自然科学之发明而言，其利用自然科学，而为农工业上之发明者，则艺而非学也），哲学家思考之心得，皆能大而亡外，小而亡内，穷天道以裨人事者也。若夫艺，则或以资生，或以怡情，或以为修学之途径，或以助物质之进步，与学固有形上、形下之分也。

孔子曰："弟子入则孝，出则弟。谨而信，泛爱众，而亲仁。行有余力，则以学文。"子夏曰："贤贤易色，事父母能竭其力，事君能致其身，与朋友交，言而有信。虽曰未学，吾必谓之学矣。"孔子称颜子好学，而以"不迁怒，不贰过"为其好学之证。孟子言学问之道无他，求其放心而已矣。程子言学，所以明人伦也。《大学》之言学，以修身为本。《中庸》之言学，以戒惧为方。盖古人知学之所以为学，在率性而修道，即智即德，即知即行。后世德性、学问，分而为二。于是心口不相应，言行不相顾，去道愈远而世愈下矣！殊不知智育者，所以明道之原，格物之理者也。若仅事夫文字之末，略习科学皮毛，则艺育而已，安得谓之智育哉！吾甚悲夫今世教育之徒重艺育也，吾更惧夫艺愈进而道愈晦也。

吾非谓艺之可以不习也。吾且以为当兹物质文明发达之时代，非专习一艺不足以生存于斯世也。吾更以为修学须取径于艺也。然一面习艺以资生，一面当求学以复性，否则物质文明愈发达，生活之欲愈甚，济恶之方愈多，其不相率而为禽兽者几希？如不能学、艺并修，毋宁取学而舍艺。盖有学无艺，尚不失为有人格之人，本吾天赋之力，未必无资生之道也。

学问之道，首在立志。下手之方，厥有二端：曰学习，曰锻炼。学习，知也；锻炼，行也。惟知、行乃学之结果，学习、锻炼乃为学之功夫。故吾不用知、行二字，别采学习、锻炼二语。孔子曰："学而时习之，不亦说乎。"邵尧夫诗曰："当锻炼时分劲挺，到磨砻处发光辉。"夫学问，必学习而后能知，必锻炼而后能为我有。否则学自学，道自道，我无从知之，更何从行之哉！《中庸》曰："博学之，审问之，慎思之，明辨之，笃行之。"博学、审问、慎思、明辨，学习之道也；笃行，锻炼之道也。

孔子曰："吾十有五而志于学"，立志也。又曰："好学不厌"，立志而能笃也。颜渊曰："舜，何人也。予，何人也。有为者，亦若是"，志大而坚也。孟子曰："尚志"，知立志之切要也。程子曰："莫说将第一等人让与别人，却做第二等，才如此说，便是自弃。虽与不能居仁由义者不同，其自小一也。言学便以道为志，言人便以圣为志。"程子此语最为简明切要。志道、志圣，立志也。修学以道为归，志乎学习也。为人以圣为归，志乎锻炼也。朱子曰："为学须先立志。志既立，则学问可次第着力。立志不定，终不济事。只从今日为始，随处提撕，随处收拾，随处体究，随事讨论，则日积月累，自然纯熟，自然光明。"朱子此语，更为学者入手必由之方。无论为学习艺，非如此不能达上乘也。西哲甘德曰："人生最要之事，即立一伟大之目的，而决意达到之。"麦登曰："健全确定之一目的，可以疗治千恶疾。"盖志也者，人之所以为人也。天下之人，其所造诣之深浅，无不视其立志之大小。欲为圣贤，欲为蒲柳，其权固操之志，非他人所能相助，亦岂他人所能摧残哉？孔子曰："三军可夺帅也，匹夫不可夺志也。"为帅恃人，故可夺；立志在己，故不可夺。学者立志，亦求其在己而已，无他谬巧也。

大哉志乎！学问基于是，艺术基于是，功业基于是，为圣为贤为仙为佛无不基于是。苟志立矣，则阳气所发，金石为开，精神一到，何事不成。否则如无舵之舟，无衔之马，漂荡奔逸，无所底止矣。盖无志则无目的，其趋向不能无误。无志则无勇气，其进行不免因循。无志则无恒心，或作或辍，终于无成。无志则不能自制，不能坚忍，九仞之功，有亏于一篑者矣。孔子曰："发愤忘食，乐以忘忧，不知老之将至。"此真能立志者也。

志既立矣，如不着力做去，何异于无志。夫立志所立，果属何事，亦有志于学习、锻炼而已。立志而不学习，学习而不锻炼，是犹有志出门而不由户，有志行远而不举步，只能谓其有出门行远之想而已，不能谓其有出门行远之志也。想与志，似是而实非，想空而志实，想杂而志一，想忽起忽灭，志坚固不渝。盖想者，吾人之思念，瞬息可以万变。就所想而定一标的焉，方可以谓之志。志既定，即当刚决果敢以进，不达不止。如今日一想，志随之变，明日一想，志又随之变，此人之妄想而已，志固未立也。

学习之道有三：读书、习艺、研索是也。朱子曰："为学之道，莫先于穷理。穷理之要，先在乎读书。"子路言何必读书然后为学，孔子以为贼夫人之子。夫人之觉也，有先有后，物之理也，愈格愈赜。古先圣哲发明之理，垂训之言，载之简册，以诏后人。吾人循序诵习，则数千年古人所有之心得，一一悟其意而会于心，事半功倍。较之古人之无依无据者，其难易不可以同年语矣！故读书为学习第一步功夫。

孔子曰："游于艺。"《学记》曰："不兴其艺，不能乐学。"《颜氏家训》：谓贵游子弟，多无学术，一朝失势，求诸身而无所得，施之世而无所用。不若有学艺者，触地而安也。（摘录原文大意）盖艺之用有三：一则为学问之阶梯，如习文以求道，藉礼、乐、射、御、书、数以明理是也。一则为资生之具，如农、工、商业是也。一则涵养性情，可助修养之功，如文学、美术是也。夫文以载道，不习文字，固莫由读书，更安从明道哉。天下之事理至繁，文艺之末，常含至理。由艺入学，较之空谈玄理者，其功较易，其事有征。所谓不兴其艺，不能乐学者，即此意也。有生之物，无不知求遂其生。人不能野处生食，故必求所以资生之道。彼圣智贤哲之隐于耕渔，隐于百工者，亦求所以资生而已。安贫虽可乐道，然苟饥寒交迫，并陋巷蔬食饮水而不得，则有转于沟壑而已。身既不存，何有于学？此生之所以需资，而职业之不可无也。若夫涵养性情，藉资消遣，亦所以为身心之寄，兴感之资。其最著者，若诗、若文、若琴、若画。而柳诚悬心正笔正之论，则尤直接与修养有关矣。是故文艺虽末，然有其本存焉。徒知泪于生活，溺于技巧，固为学者所大忌。而藉以为乐学、资生、养性、怡情，则又所急先务也。故习艺为学习第二步功夫。

书读矣，艺习矣，苟不深思而玩索之，则理莫由明，而所造者浅之又浅，则亦何贵乎学也？故研索尚焉。研索者，慎思明辨也，格物致知也。朱子曰："圣贤说一字是一字。自家只平着心去秤停他。"朱子又曰："童谚云：读书千遍，其义可见。"又曰："思之思之，又重思之，思之不通，鬼神将教之。非思之力也，精神之极也。非妄语也。"朱子又曰："所谓致知在格物者，言欲致吾之知，在即物而穷其理也。盖人心之灵，莫不有知，而天下之物，莫不有理。惟于理有未穷，故其知有不尽也。是以大学始教，必使学者即凡天下之物，莫不因其已知之理，而益穷之，以求至乎其极。至于用力之久，而一旦豁然贯通焉，则众物之表里精粗无不到，而吾心之全体大用无不明矣。"夫以人性之灵，苟肯尽其研索之力，不惟圣贤已发之言，可融会贯通而为我有，且将穷天人之蕴，殚未知之理，凿破天地之混沌。克己明道而复性，无一非人之灵明所致，即无一非尽吾人研索之力所致也。孔子曰："学而不思则罔，思而不学则殆。"盖思而不学，固徒劳而无所获，然学而不思，终无由知其所以然。人云亦云，与我何与？故研索为学习第三步功夫。

学习功夫，一一尽力为之，然不锻炼，则与鹦鹉习言、猕猴学舞又何异焉。虽有嘉肴，弗食不知其旨也。彼过屠门而大嚼者，岂不知肉味之美，岂未见肉陈于案，然卒不能入口，与不知不见者，又何以异焉。学习者，知而已耳。不加锻炼之功夫，则学自学，我自我，虽尽知之，学仍无裨于我，我亦何必需学哉！锻炼之功夫，一言蔽之曰：克己复礼而已。如何能克己复礼？曰：非礼勿视、听、言、动而已。如何能非礼勿视、听、言、动？曰：心有所主而已，求其放心而已。如何能心有所主，如何能求其放心？则求一简明之语，简明之法而不可得，岂古人不我告哉？盖古代人心不如今日之漓，欲心有所主，欲求其放心，为力尚易，故不必别求简明之道。今也不然，物欲之蔽日甚，吾心之灵日晦，生活之度日高，吾身之力日弱，非加锻炼之功，则欲心有所主、求其放心而不可得，遑论克己复礼哉！锻炼之目的有二：曰锻炼身体，曰锻炼意志。其下手之方有四：曰冷水浴，曰静坐调息，曰节嗜欲，曰息妄念。其方法当别著《修养术》述之。今先论其相关之理。

学问之道，在一"静"字。心愈静则愈明，性愈静则愈灵。孔子曰："仁者静。"《大学》之定、静、安、虑、得，实以静为枢纽。定，所以为静之途径，安、虑、得则其效能也。《中庸》之至诚，老、庄之无为，皆静之极处。夫能静方能动，静极方能动极。无事之时，此心若浮云太空，一尘不染，遇事方能应万变而不穷。《中庸》述至诚之道，以为能尽己性，尽人性，尽物性，而赞天地之化育。老子曰："道常无为而无不为。"又曰："天得一以清，地得一以宁，神得一以灵。"又曰："天下万物生于有，有生于无。"是无为即有为，虚无即实有也。是无为者，此心之静。而有为者，则其动也。吾近研究鬼神之道，知心愈静者，灵愈清轻；心愈不静者，灵愈重浊。愈清轻者，其升愈高；愈重浊者，其堕愈深。圣凡贤愚，实判于此。静之时义大矣哉！惟然，故各教教人，无不从静字入手。孔子教颜子以克己复礼，而禁其非礼之视、听、言、动。程子释之曰："制于外所以养其中也。"何制何养，亦惟制其妄而养其静而已。孟子自言不动心，本于善养浩然之气，教人则主求其放心。夫不动心，则静之极矣。求其放心，则求祛其妄而臻于静也。更若道家之炼气，佛家之坐禅，回教之斋戒，耶教之祈祷，虽有高下深浅之不同，然其制外养中则一也。

制外养中之道奈何？曰：亦惟节嗜欲、息妄念而已。然当此物质发达，生活奢靡之世，苟非上智，苟非大勇，欲无所依借，而节嗜欲，息妄念，恐亦戛戛乎其难哉。故下手之方，必须求一可以操纵吾心抵抗外界之力而后可。欲养此力，则冷水浴与调息静坐，殆为不二法门。以近世人心之漓，人体之弱，欲其抵抗寒暑之侵，抵抗疾病之袭，抵抗饮食服御之嗜，抵抗声色货利之欲，乃至抵抗声与光之入耳目，必先锻炼其躯体性灵，使其外有以抵抗外物之扰，内有以自觉吾心之灵而后可。冷水浴者，所以锻炼身体，使其增抵抗外界之力，冷静头脑，使其助操纵我心之力。故其形下功效，在坚固皮肤，活泼血脉；其形上功效，则在养成勇敢、强毅、恬淡、宁静之德，其裨益于人者至巨，岂仅治疗疾病而已哉。静坐调息，尤为修道之秘诀。程子教人以半日读书，半日静坐，其重视可知。近年日本此风大盛，若冈田氏，若二木氏，若藤田氏，若岩佐氏，均能达修养之堂奥，度己而度人，其功效彰彰在人耳目。盖静坐调息，在使精神凝聚，藏气丹田，可以祛妄念，除恶习，增胆力，定心志。静则精力弥满，天君泰然。动则因应咸宜，可任艰巨。及其成功，则虚灵不昧，神光常照，日可不疲，夜可不寐。志之所至，气即从之。气之所之，体即从之。此殆所谓至人者矣，岂仅制嗜欲，止妄念而已哉！故吾以冷水浴、静坐调息二者，为人道之宝筏，吾身吾性，惟此是赖。苟身健性灵，夫何学之不成，而业之不就耶？朱子诗曰："半亩方塘一鉴开，天光云影共徘徊。问渠哪得清如许，为有源头活水来。"吾人从事修学，其亦求有源头活水足矣。

老子曰："言者不知，知者不言。"吾今已犯言戒，则其所知之浅薄可知。然当此人心极危之世，泯泯棼棼，可忧孰甚。吾略有所知，又安忍默而不言哉！学者若能读书以明理，习艺以乐学、资生、养性、怡情，研索以期其心得，冷水浴、静坐调息以强健体魄，操纵心力，节嗜欲以免吾性之为奴，息妄念以安吾虑，则能达上下古今惟我（指心）独尊之概。动可以道问学，建功业；静可以葆天真，瀹性灵。此则孟子所谓不动心，真大丈夫也。学问至此，功夫至此，可以感天地，役鬼神，顺天时，尽地利；可以齐家、治国、平天下。国虽亡，吾有不亡者存。世界虽灭，吾有不灭者存。何忧乎贫弱，何惧乎外侮。不此之图，徒枝枝节节为之，吾恐物质未进，精神先亡，躯体虽存，性灵已失。在人则行尸走气，在国则名存实亡矣。呜呼！学也者，可以超拔一己，可以普渡众生，岂仅救国而已哉，岂仅生活而已哉！

1918年

导读 陆费逵对于学生的关怀是多方面的，本文从青年饮食、性启蒙的角度展开论述，并提出合理化建议。

饮食男女与教育

（一）绪　论

《记》曰："饮食男女，人之大欲存焉"。《孟子》曰："食色性也。"盖不饮食，则人类无由生存；无男女，则传衍乏方，人之类灭久矣！故饮食男女，为人生最大之二条件也。

夫饮食男女，既为人生最大之条件，则教育者，亦教育其所以饮食男女而已。盖饮食男女之适宜与否，实为善恶、邪正、强弱、夭寿所由判，不惟与人生有最大之关系，亦与人格有最大之关系也。

闻者疑吾言乎，吾请举数例以证明吾言之匪妄。禹思天下有饥者，犹己饥之也。太工治岐，其成绩为内无怨女，外无旷夫。是古圣最人目的之平天下，不过希望天下之人，得所以饮食男女而已。近世国家，率以面包问题、生殖问题为最焦心劳虑之事。面包不足，而生殖过繁，则不得不图殖民地之扩张。于是政治竞争、经济竞争，乃至杀人千万之大战争，均由是而起。即今日我最痛心之山东问题、满蒙问题，亦何尝不如是。不过易面包为米耳。而彼生殖减少者，如法兰西等国，则又日以人口不繁、人种灭亡为忧，谋所以增生殖之道，不遗余力。其政治家之重视此问题，较之莱茵河上之胜负，殆有甚焉。德国此次之败，非败于军略之不良，非败于军器之不利，非败于军费之不足，实因食料缺乏，壮丁渐少之故。质言之，即败于饮食男女之力之不足也。呜呼！世界上种种重大问题，均由是而起。饮食男女之关系于人生，顾不重哉？夷考我国历史，则尤可寒心。盖既无殖民之方，则彼过剩之人口，听其饿毙及自相残杀而已。数千年来之一治一乱，无不视此，岂真王者王佐之能治哉？

世人种种恶德，其根源均由于饮食男女。谎也、盗也、杀也、淫也，何一非饮食男女之为厉。而种种善德，亦由于饮食男女。如勤以获得，俭以持久，仁则令人得饮食男女之道，义则各适其宜，而免饮食男女之争。伦理上之父慈子孝，兄友弟恭，夫义妇顺，更无一非以得饮食男女之道为前提也。故吾以为观人之法无他，视其饮食男女之道得宜与否。得宜则为善人，为君子；失宜则为恶人，为小人。圣贤仙佛之苦口婆心，教育家之教之育，哲学家之研究讨论，其最初之根源，均由于欲人得饮食男女之正也。

更就风俗上言之，土瘠民贫，风俗窳败，其里面固含有饮食男女之不足也；地方富饶，风俗淫逸，其里面固含有饮食男女之过度也。就卫生上言之，食不足者，营养不良，身体瘠弱；食过度者，消化不易，百病丛生，甚则促其天年。无家室者，缺身体之调和，精神之慰安；色欲过度，与有邪淫行为者，心神不安，身体虚羸，甚亦促其天年。就经济上言之，则与其多食以耗物产而耗体力，何如节食之为愈。即以米论，我国人口四万万，每人岁节三斗，综计之为一万二千万石。石售五元，则六万万元矣。夫何民之苦贫而国之不富也！国债二十万万元，三年所节之米足以偿之矣。男女之欲，加以适宜之节制，生殖勿过繁，则赡养之费省，精力日强健，则生产之力增。所省所增，吾虽不能举其数，然在经济上必有绝大之价值可断言也。

（二）饮食教育之商榷

饮食教育，古代已有之。近世研究，愈臻进步，似无待烦言矣。然有两大问题，为曩昔所未注意者，无形之中，社会、国家、家庭、个人均受其害，不可不亟起研求也。兹略述之，惟限于篇幅，不能详耳。

第一，分量问题。就余个人所经历，十余岁时不知卫生之道，以食量之豪雄于侪辈，每日食饭至十余碗，肉类可一餐斤余，然疾病时生，体力虚弱。弱冠前后，略知卫生之道，减十之四，体力反渐强。十年以来，信仰少食学说，早间或饮牛乳一杯，或食鸡卵、饼干少许，或竟丝毫不食。午餐晚餐各一碗许，肉类几于不食，助餐者，不过鱼类蔬菜而已。所食之分量，较之二十年前仅四分之一，体力不减，皮肉紧实，精神尤旺。向之劳力数时疲乏不堪者，今则终日碌碌，亦不之觉也。吾国人习惯以努力加餐，饮食增进为佳，实与卫生之道相反，在经济上尤为不合。牺牲身体而消耗粮食，是亦不可以已乎！此次欧洲战争，食物缺乏。以统计、政治、医学之发达，减至最低之量，而无害于人生。吾知此后将于此点，益加研究。限制饮食，以求卫生之适宜，食物之余裕，而免以面包问题演杀人千万之战争也。

第二，混食问题。吾国人有最奇之两现象，一则北人食面，南人食米。北人谓食米不饱，而不之喜。南人则不认食面为食饭。豆类、杂粮类，该地苟非习食，则几不认为充饥之物。此实极危险之现象也。故一遇大战争，或大水旱，辄困难万状，补救无方矣。一则中上社会重视肉食。余游踪所及，或宿旅馆，或宿人家，常苦不得蔬菜。可见此种人殆全以肉类佐餐，而不食蔬菜明矣。夫肉食者鄙，古训昭然；杀业重重，佛法所戒；价值较昂，殊不经济；纤维质少，尤不卫生。何其愚也！抑亦囿于习惯之故欤？余以为今日须亟图混食，米也、面也、豆也、杂粮也，当混合食之，勿使偏于一种。肉食虽不能戒绝，亦当少食肉类，多食蔬菜也。

上述两问题简单易行，并无何种困难。且不惟不需多费，反可节省费用。不惟有益于个人之卫生、经济，实于国家之根本、物产之盈绌有莫大之关系。自学校以推行于家庭，虽不能旦夕呈功，然假以岁月，其效必有可睹也。

（三）男女性教育之商榷

男女性之欲，自生活上言之，不如饮食之重要。自精神上言之，其关系之大，入人之深，迥非饮食所可比。然在古代，均认为人生之秘密，口不敢道，笔不敢书，听其自为发展而已，更何有于教育云哉！其进一步者，亦不过曰"少之时，血气未定，戒之在色"而已。其与人生之关系及如何戒法，具何理由，终未由明也。欧美教育界近世纪来，研求甚盛。性欲教育学 Sexuelle Pädagogik 蔚为教育学中之重要分子。溯其起源，盖在十八世纪之时，卢梭所著教育小说《依米儿》（现译为《爱弥儿》——编者注），德梭（瑞士人，医学家也）所著《手淫与疾病》两书，实为此学最初之明星。《手淫与疾病》一书，论青年时期为人生最大之危险，而其危险又悉根于性欲。欲性方启，不知利害，手淫恶习，鲜有不沾染者。故彼详论手淫之害，又述因手淫而致之疾病，如何防闲，如何治疗。出版以后，风行一时，译为德文，重版多次。欧美各国，均认为有裨世道之名著。其后主张者，反对者，各有其人，宗教家尤为反对之中坚。近二十年来，欧洲青年风纪愈趋愈下，生殖器病，蔓延猖獗，手淫之害，日益彰著。社会学家、医学家、伦理学家、教育家等，群唱欲救济社会，必自实施性欲教育始之说。学校卫生会议，生殖器病防止会议，每以此为重大议题也。

男女性之欲，出于天然。青年少年时代，有随时随地触发之恐。与其听其自然，发生种种不良之事，为道德上生理上之害，何如视心身发达至相当时期，施以相当之教育，令其详知利害，自加防闲。一方以道德宗教为性格之陶冶，令其详知礼法，自加制止。由此而往，必可减少风纪之紊乱，生殖器病之蔓延，在人种上固可免弱亡之惨，在学术事业上尤可以弥满其精力，获无穷之裨益也。至用何种方法有利无弊，目下尚无定论。最有力者，则为直接法、间接法两种。直接法，即直接授以性欲之知识。间接法，即根本上为意志及身体之陶冶，注意饮食、起居、风纪等，使其减触发之机，有自制之力。此两法之是非利害殊难判断，然吾以为当两法并用也。

（四）结　论

呜呼！吾教育家乎，教育之道，即在寻常日用之中。好高而恶卑，忽近而图远，则不惟无益而又害之。袁君观澜告余，谓江苏沿海岛屿中，尚有终身食草之人，当思有以救济之。余告之曰，吾以为此种食草之人，若令其改食米麦，是害之也。不如因势利导，令其长得草食，勿危生命足矣。某君因其子手淫、冶游，终日愁叹。初则为老生常谈之规劝，继则为之娶妇，然殊无效力。不过牺牲一女子，自怨薄命而已。此两事均含有无穷之趣味，至大之道理，研究而解决之，则社会国家受赐不鲜矣。吾教育家盍舍其高远之希望，一讨究之乎？余跂望之矣！

1919年

┃导读┃ 女性在当代中国已经获得了与男性平等的社会地位，无需再言其地位的不平等。但是在当时从思想、社会责任等方面依然存在着很多不平等的现象，几千年的封建观念还在对中国社会产生作用。本文从德、智、体三方面都提出了女性教育存在的问题，对当今依然有现实价值和意义。

女子教育的急务

近来有许多人，研究妇女问题和女子教育问题，替我二万万妇女谋解决的方法。这是最好的现象，也是最要紧的事体。各人所说的有各人的道理，我也不必去批评。不过我以为天下的事，要对症下药，症候没看明白，尽管有千金方，也是无益处的。

我对于女子教育问题和妇女问题，除小学校男女共学问题外，从没有发表过意见。现在看见各方面的主张，有的太高尚，一时万不能行；有的太陈腐，不合现的趋势。所以今天把我的意思发表一点，以供大众的研究。

我以为现在替我国二万万女同胞谋幸福，最为急务的有两个大问题。

第一，女子的实力问题

第二，女子的地位问题

我对于这两个问题，意见很多，现在且简单地说说。

地位与实力，是一个正比例。实力大一点，地位就高一点。要他地位高一点，就不得不求实力大一点。然而实力这样东西，不是空口说得来的。有一分质地，用一分劳力，就可增加一分实力。就反面说起来，多一分消耗，就减少一分实力。少一分消耗，就增加一分实力。不论什么国家，什么社会，什么人，都是如此。妇女问题也离不了这个原则的。

女子因为生理的关系比男子弱。因而他的地位，比男子差得多，那是无庸为讳的。所以无论何国，没有不是重男轻女。有的表面上很尊重女子，女子因而得很体面很舒服的待遇。但是这种待遇，不过和敬老慈幼一样，出于社会上的怜惜心，不是女子真正有优越的地位。只有最近欧美各国，由教育的发达，人力的不足发生出来的女权，才有几分真正增高女子地位的意味。这就是我说的实力问题了。地位若不因实力而增高，就要像孟子所说，"赵孟之所贵，赵孟能贱之"了。

就女子的地位说起来，我研究到一种原则，就是女子的地位与社会的生活做一个反比例。生活容易的地方，女子的地位较低；生活困难的地方，女子的地位较高。其中有两个原故：第一，生活容易的地方，男子的力量可以养家，不必女子谋生。第二，女子因为可以舒舒服服过日子，也就不愿以弱质竞争于生活场里，以免生理上的痛苦。生活困难的地方，只靠男子的力量不足生活。女子为生计所迫，不得不尽力以谋饱暖，弱质能否胜任，生理上有无痛苦，都管不得了。天下的事，都是自然的趋势逼迫成的。女子何尝不愿地位增高，但男子可以养家，女子乐得舒舒服服过日子，享唱随之乐，尽育儿之责，这也是古今中外一样的人情。

古代文明的国家，在东方有我国和印度，在欧洲有希腊和罗马，介于其间的有土耳其、阿拉伯、埃及。这许多国，除了希腊的斯巴达外，没有不是重男轻女的。风俗制度，虽各不相同，说到精神，与我国是差不多的。

我国古代，对于女子的地位，不过要他传种和料理家务就是了。《大戴礼记》孔子的话："女子顺男子之教，而长其理者也，故谓之妇人。妇人，伏于人者也。是故无专制之义，有三从之道。幼从父兄，既嫁从夫，夫死从子，无所敢自遂也。教令不出闺门，事在馈食之间而已矣。是故女子及日乎闺门之内，不百里而奔丧。事无擅为，行无独成，参知而后动，可验而后言，昼不游庭，夜行以火，所以正妇德也。女有五不取（娶）：逆家子不取，乱家子不取，世有刑人不取，世有恶疾不取，丧父长子不取。妇有七去：不顺父母去，无子去，淫去，妒去，有恶疾去，多言去，窃盗去。有三不去：有所取，无所归，不去；与更三年丧，不去；前贫贱，后富贵，不去。凡此，圣人所以顺男女之际，重婚姻之始也。"这一篇话，可以见得我国女子的地位了。前段全是义务，只有后段三不去是权利。然就这三不去的权利说起来，也是承认女子为妻的权利，没有承认女子人格的权利。但是这里面有很可注意的一点，就是女子有受男子供养的权利，无自谋生活的义务。从这一点说起来，就有一个前提，要男子人人能养家，否则这个风俗制度就不能成立了。

欧洲女权之发轫，在希腊。斯巴达的人，无论男女，都为国家尽力，所以女子的教育，同男子一样。就是体育，也由国家设体育练习所，定了课程，男子女子全要去练习，一切与男子平等。国家社会上的一切事情，都由男女公共去做。甚至体育练习所，男女同在一处裸体受课。他种社会，更不必说了。斯巴达的国力和国民的实力，都因此而大进。女子的实力和地位，要算空前绝后了。

亚里士多德的话最公平，最当注意。他说："家族由男和女组成，国家也是这样，不能将这两样分开。国家所定的制度，如果与女子有妨碍，这个国家就要算大半无制度了。"这个教训的精神，在欧美人的脑里印得很深，到了近世纪的文明社会遂成事实了。

我说了这许多话，还没说到本文。这篇文字的题目是《女子教育的急务》。所谓急务，到底是什么事呢？我以为现在我国女子教育的急务，应当从增进女子的实力入手。实力增加一分，地位自然增高一分。从表面上说来，男是男，女是女。从实际上说来，男子都是女子的父兄夫子，女子都是男子的母姊妻女。做女子的没有不望他父兄夫子好的，做男子的何尝不望他的母姊妻女好呢？女子的地位弄到现在的情形，男子固不能辞其责，然而女子自身若不愿如此决不会这样的。古人之制礼决不是凭空杜撰的，也不过顺着当时的国情略微整理点缀罢了。倘若当时国情不是这样，古人制礼也不会这样的。如果勉强这样的定，不但女子不承认，男子也不肯承认的。为什么呢？女子和男子并非两国，实在是一家的父母兄弟姊妹夫妻子女。剥夺母姊妻女的权利，父兄夫子也受损失的。所以现在研究女子教育问题，当先考察现在的国情，预料将来的国情，而从增加女子的实力入手。

照我国现在的国情说起来，理论上说得天花乱坠，虽然不妨，但实际上一时决离不了家族本位。就社会上种种组织和一般男女心理说来，也决不能完全离了男子养家的状况。他们欧美诸国，因为物质的进步，竞争的激烈，生活的困难，女子不能不求独立生活，这是大势所迫无可如何的。不是女子不愿靠男子养活，也不是男子不愿养活女子，实在是力有不从。这回世界大战，男子都赴前敌，女子的用处更多，实力的表现增进也更明白。到了这种国情，女子只好把受养活的权利丢去了。女子一方丢去受养活的权利，一方以自己的实力养活自己和子女，换一句话说，就是替男子尽了一部分的义务，并且养活一部分的男子，那地位自然要增高了。妇女丢了权利，吃了苦，尽了力，偏不能和男子平等，未免太不公平。况且有一部分无父兄夫子的女子，为国家吃苦尽力，若不给他与男子平等的权利，那不是国家只叫这许多人家尽义务吗？这样说来，我们现在讲女子教育，其目的有四：

第一，健全女子的人格；

第二，养成贤母良妻；

第三，在男子能养家的时代，从事无害生理、无妨家庭的职业；

第四，预备充足的实力，于必要的时候代男子做国家社会一切的事。

我所说这四个目的，前三个是通常的，第四个是预备处社会、国家之变的。我国现在的情形，稳健的人大概都只赞成前三个目的，激进的人要专注重第四个目的，我以为都是错的。为什么呢？照现在的国情，前三个目的是不错的。但是兵可百年不用，不可一日不备，这第四个目的是预料将来的国情一定要到的。与其临时抱佛脚，多吃许多苦，多受许多累，恐怕还要误事，何妨早点预备。况且目的悬在这里，几时做得到还不晓得呢？大家要知道万一数十年后再有大战，我国卷进漩涡或者经济竞争更烈，多数男子无养家的能力，女子不能不争生存，那时候方才知道我第四个目的要紧咧。

依这四个目的，生出三个前提。

第一，女子自身的觉悟；

第二，家庭的觉悟；

第三，社会的觉悟。

这三个前提，虽然是要个人、家庭、社会分别去做，但最要紧的是教育上的觉悟和改进。

我所说女子自身的觉悟，并不是叫女子人人以英雌自居，是叫女子自己觉悟她的人格。现在的女子，无论是新是旧，总以玩品自居，心中总存一个男子应胜女子的观念。不缠足了，偏要穿高底皮鞋，脚趾、脚骨受伤是不管的。衣服要紧小，甚至胸间束带，或穿紧扎的小背心，心肺受伤是不管的。耳环呀，项圈呀，镯呀，戴了一身，像脚镣手铐一般。就是不戴，不论金银珠玉，总要备置些。经济不经济，姑且不说，就人格上论起来，这算什么呢？岂不是完完全全一件玩品么？现在的女子，表面上要和男子平等，但是讲起学问做起事来，就说他们是男子，我们是女子，男子总当比女子强些。简直以女子二字，做自己卸责的地步。到了结婚，就有三种不可破的情形。第一，无论学问才干光景，总要男子比女子高。如果男子和女子差不多，女子就以为大不应该，夫妇的感情，是不会十分好的。第二，仍怀一种旧思想，不以为一男一女平等的结婚，总以为女子吃亏，是嫁给人家，做了别家的人了。换一句话说，就是以为女子做了男子的附属品了。第三，订婚的时候，什么聘礼呀，门包呀，开通的人家，也不能完全免去。不是仍旧把女子当一种货品，骨子里没有脱卖买行为吗？我以为现在的女子，不必口头争男女平权，先要自己保全人格。人格没有完全，还讲什么权不权呢？所以现在的女子，顶要紧的，是晓得一个人不是玩品，要保全自己的身分、健康、经济。失了身分，害了健康，耗了经济，装饰把人家看，是顶不值得的。其次要晓得男子是一个人，女子也是一个人。人的智愚强弱虽然不能一样，但决不会男子都比女子智，都比女子强的。到了结婚，只求两面的人格相称，不必一定求男子的学问、才干、财产比女子强。婚礼上出嫁的思想，卖买的行为，应该铲除得干干净净。要做成一个有人格的男子，一个有人格的女子，双方平等结婚，做一个新家庭。这样下去，女子方有地位可言，不是男子的玩物了。

家庭的觉悟怎么样呢？做父母的要晓得生儿生女，同是一样的。在父母本身上说起来，女子是赔钱货，男子也是赔钱货。男子有可以靠养的，女子又何尝没有靠养的呢？不过从前培植男子不培植女子，所以男子比女子强一点。倘若父母把男女一样去培植，没有结婚的女子固然可以从事职业，奉养父母，就是结婚了的女子，他倘能自立，哪有不管父母的呢？旧时代的女子，嫁了好人家，父母如果生计困难，女子以夫家财物贴娘家的，也很不少。不过这种办法，不很正当，也不很自由，比女子自己以才力所得的，相差不可以道里计了。父母要女子少赔钱，只有给他受教育的一个方法。进一步讲，父母产生儿女就是罪孽，必须培植到他的人格完全，方算是免了罪孽。天下不肖的子女，哪一个不应该叫他父母负责呢？女子所受的痛苦，更应该由父母负大半的责任。况且大家不培植女子，你又何从得好媳妇好子孙呢？所以我想现在的家庭应当有一个觉悟，就是教育女子完全和男子一样。看他的资质性情，尽力去培植。至于财产一层，我主张以少给子女为宜。如果分给男子，也就应该分给女子。养父母的老，男子固应该负责，女了也应该负责。结婚认为平等的，男子结婚认为得了一个妻，女子结婚认为得了一个夫。父母也把佳儿佳妇、佳女佳婿看得差不多，那女子的地位自然增高了。自己家里看女子不起，偏要人家看得起，那是万万不行的。就是做到，也不过人家格外怜惜弱质，爱好玩品罢了，不是女子的人格长进呀！

社会的觉悟是怎样呢？前两段所说女子自身的觉悟和家庭的觉悟，都要社会觉悟，方才易于收效。为什么呢？因为社会倘若不觉悟，社会上一般的人，见了觉悟的女子和觉悟的家庭，必定以为奇怪，多方的去嘲笑他，诽谤他。女子最怕这种事，一遇见了，只好把自己的觉悟抛去。也有定力强点不肯抛去的，这种人在社会上一定吃许多亏，受许多苦。我以为社会的觉悟，一时难得透彻，我们不可以揠苗助长，反阻碍他的生机，然而应当找一个现在最低的限度。第一，提倡不要装饰。第二，尊重女子的人格，不可看做玩品和男子的附属品。第三，承认女子受教育的权利。父母有只叫男子就学不叫女子就学的，大家应该劝诱他，讥笑他，认为和不叫男子就学是一样的错误。这样下去，女子的实力自然可以增加，女子的地位自然可以增高了。

女子自身觉悟了，家庭觉悟了，社会觉悟了，妇女问题的第一步，就可以算解决了。不过现在去求他觉悟，将来在觉悟后求进步，都非从教育上着手不可。所以我以为教育上的觉悟和改进，实在是现在的急务。教育上的觉悟和改进说来很多，最要紧的是学制的觉悟、改进和学校的觉悟、改进。关于学制的，应该由研究家和教育行政家着手。关于学校的，应该由研究家、教育行政家和校长、教员着手。分途并进，不怕他不一日千里呀！

学制上的问题，关系国民学校的，现在法令男女视同一律，可不必再说了。不过调查学龄儿童，劝诱就学，不可仍旧偏重男子。女子师范学校，亦没有大问题，只求每省多设几处就是了。现在最要紧的有三个问题。第一，高等普通教育。第二，高等专门教育。第三，职业教育。这三个问题不解决，女子的实力和地位总不能圆满收效的。

我想这三个问题，非到社会进一步觉悟与风习进一步改造后，与男子的教育总不能完全相同的。高谈阔论，沽名钓誉，我并不是不会，不过于实际无益的事，我不肯昧心去说呀。我以为现在当认清我国女子的现状，定一个进一步的办法。等到进一步办法成了风习了，再进一步改定办法。这种做法，与实际既有益处，也不至牺牲许多女子供教育的试验。况且男女分工本是天然的规律，我国还不到人力不足的时候，何必勉强女子做男子的事呢？天下的事，不可不求进步，又不可躐等进步。这句话一定有许多青年反对，不过我的良心上是这个样子，我不管人家反对不反对，我是要说的。

依我这个宗旨解决这三个问题：

第一，高等普通教育，当分为中学校、高等中学校两级。中学校是普通科目，三年卒业。注重国文、家政。（包括日用理化、儿童教育和家庭卫生在内。）至算学、历史、地理、外国语等，不妨简单些。高等中学校两年卒业。应当分文科、实科。国文、外国语、法制大意、体操等科，应当一样地注重，不妨公同上课。文科加课历史、地理、哲学、心理学、伦理学、教育学、中国文学史等科目。实科加课算学、博物、理化、图画、手工等科目。

中学校的宗旨在养成高等人格。高等中学校的宗旨在养成研究力，和进大学的预备。中学校每省应该多设若干处。高等中学校可酌量情形，每省先设一二处，逐渐推广起来。

第二，高等专门教育应该斟酌女子已具的程度和就职的情形，渐渐地设立。我以为现在当就设的：（一）普通文科。养成高等文学人才和高等中学、高等师范的教员。（二）医科。养成高等女医，一方为妇女免痛苦，一方为女子谋一种最好的职业。（三）纺织。是我国最要紧的实业，其中大部分女子可以做的。此科如果发达，于实业和女子的生计都有很大的影响。（四）养蚕制丝。此科最要紧，最宜于女子，大家都知道，可不必说了。不过现在所设的程度不高，所以他的特点，还不甚看得出咧。以上四种不过略举一例，并不是限定这四种。

至于大学开放，近来争论很多。我以为第一步的开放，应当许女子普通文科大学和高等师范卒业的入大学的文科、理科，做选科生。女医专门卒业的入大学的医科，做选科生。其余各科渐缓开放。这样办法有几样好处：第一，能受大学教育的女子无向隅之叹，又成就许多学问家，免埋没许多人才。第二，学府的设备和教员都不容易，这种办法可免另设女子学府的困难。第三，入学程度很高，自然有益无弊。第四，文、理、医三科，都是与女子学问有益，身体无损的。第五，作为选科生，女子可就自己的学力、体力、志愿分别选习。

如愿全习，也不妨听其自由。这样办法，可免勉强全习致身体受损，能全习的也不受拘束。将来如果人才众多，女子的地位、职业的范围扩充开了，不妨就需要的状况，再开放他科或某科的某门。这就是我所说的求进步而不躐等了。

第三，职业教育应当看各地情形，多设许多传习所。费用既不大，学生程度不要限制太严，入学的可以很多。本地需要的职业，学会了就可以有用处。比方纺织、养蚕、织草帽鞭、织花边、种菜、种花、种棉花、畜牧（一种或二三种）、养鸡等。无论什么科目，只要本地相宜的，需要的，就可设传习所。一年、两年卒业都可以的，授课全日、半日也都可以的。如果曾受国民教育的少，不妨另设补习科补习国文算术。这样办法，于教育、生计都有极大的影响，比设完备的实业学校既容易，又有效验。各地热心的人何妨试试看。

学校的觉悟和改进说来很复杂，我以为最要紧的，是人格的精神，正确的知识，健康的身体。十余年前，上海的女学界精神很好，人人都有一个高尚人格的观念，装饰一点不讲究，粗布衣服，很优雅，很大方。后来有个著名的校长，开了一家绸缎铺，送许多优待券给学生。女子本来是好美好虚荣的，看见校长这样提倡，于是大家都做起华美的绸缎衣服来了，戴手饰的也渐渐多了，胸部束带、穿紧小背心的风气也传开了。现在的女学生和十年前的女学生比较起来，恐怕精神上很有点不同。就是那时候的女学生，有一种要求人格的精神；现在的女学生，表面上拿独立自尊做口头禅，精神上和没有入学校的差不多，不过是有一块女学生招牌的玩品就是了。说到知识一方面也很不完全，科学的知识既不正确又欠了解；文字的知识也是这样。女学生和女学生出身的教员，没有几个不写别字的。这是什么缘故呢？我以为都因为办学校的，没有目的，没有精神，只晓得装个场面，敷衍了事，所以弄成这个样子。至于体育一方面，表面上比深闺静处的好得多，实际上却不尽然。我听见好几处女校，办理算很讲究的，但是学生有因为月经期内体操运动得了癌疾的。又有某学校，赴联合运动会，司令的女教员、选手的女学生都在月经期内，勉强到会，为学校争虚名，弄得病了许多时候。（日本教育法令明定月经期内停止体操运动。

但是女学生羞于说明，所以也不过是具文罢了。只有几个真热心的女教育家，留心查察训练，还可以实行。）至于高底皮鞋、紧小背心的有害身体，更不必说了。这事看来不大要紧，但是与现代女子的健康，将来国民的强弱，都很有关系的。教育以德育、智育、体育三样做目的，如果做成没人格的德育，不正确的智育，害健康的体育，我们要兴教育做什么呢？

学校应该怎样觉悟改造呢？我姑且简单说两句。第一，要养成人格觉悟的风气；第二，要养成功课消化的习惯；第三，要防制身体的损坏。又有附带的两个条件：第一，是慎选教职员；第二，是不要徇学生的虚荣心，功课弄得高而无当，博而不熟。至于下手的方法，各人各自研究，研究有心得就去实施，不是我们说空话的责任了。主持女学的人呀！诸君要保自己的良心，保学生的人格，我国女子才有幸福的希望呀！我写了这许多，我的意思还没有说完。我想另外写一篇，叫做《妇女问题杂谈》。一段一段地随便写，可以与这一篇互相发明。不过我的功夫很少，一时能写出不能写出，还说不定咧。

1920年

导读 在本文中陆费逵提出，一个国家教育方针的制订，应该首先尊重这个国家的国情。国家需要什么样的人才，学校便要为国家培养这样的人才；国家处于贫困之中，教育就必须强调学生的勤俭、耐劳精神。

民国教育方针当采实利主义

教育总长蔡君就任之始以教育方针见询，余既以实利主义对之矣。后读蔡君《对于新教育之意见》，谓共和时代当有超轶政治之教育。所举方针，为军国民、实利、公民道德、世界观、美感五端，而侧重于后二者。夫国民教育，智、德、体三者既不可偏废，各种主义自无不包含之理。采军国民主义，不能废公民道德；采实利主义，亦必不废美感教育也。夫既不能偏废而包含之矣，则兼采多数方针，实不啻无方针。譬之食物，饭肉蔬菜，人人皆食，即不能谓之嗜。而所谓嗜者，必其特好而有异于他物也。故吾谓蔡君意见，并非兼采五端，而实以世界观及美感二者，为教育方针也。

夫教育方针，当与国是一致，尤当合世界之潮流，非可尽超轶夫政治也。吾民国之国是如何定之，吾不敢知。然万事根本，实在乎财。吾国大患，尤在夫贫。苟一旦民穷财尽，则国与民皆不免于破产。国家破产，外侮立乘，国民破产，盗贼愈甚，而皆不免于亡。况吾国人之习性，下等社会虽能耐劳而知识缺乏，生活之力遂以薄弱；上等社会文弱优柔，既无耐劳之筋力，又无谋生之能力。若长此以往，恐全国皆游民皆饿莩矣。今日教育方针，亟采实利主义，以为对症之药，效果如何，尚难预必，安可更益以优柔文弱之媒哉？

实利主义，非惟药贫，实足以增进国力，高尚人格。非此，则他四主义亦将无所附丽。足食方能足兵。生计不裕，侈言尚武，则大乱随之。古今中外，断无无财而可以强兵之理。况今世战争，恃力者三，而恃财者七。无财则任何勇武之国民，必不足以取胜，此军国民主义之有恃乎实利主义者，一也。衣食足而后知礼义，饥寒不免，则道心变为盗心矣。此公民道德主义，必恃乎实利主义者，又一也。出世间之观念，优美尊严之感情，非不美也，然过于重视，则不免流于优柔文弱。数千年来吾国教育方针之误，即误于此。孔孟之轻利重义，黄老之恬退无为，其成效既如彼矣，今日顾可继以世界观、美感二主义以益其误耶！

　　且夫教育宗旨，以养成“人”为第一义。而人之能为人否，实以能否自立为断。所谓自立者无他，有生活之知识，谋生之技能，而能自食其力不仰给于人是也。欲达此目的，非采实利主义为方针不可。若世界观、美感二者，可以之为养成文学家之方针，可以之为文科大学之宗旨，非普通国民教育所当重也。

　　实利主义云者，非惟实业，非惟手工图画，盖此特其形式也。其精神所在，则勤俭也，耐劳也，自立自营也。举凡一切为人之德义，实利主义之教育无不含之。人人能勤俭、耐劳、自立、自营，则民智民德进，而社会国家亦进步矣。今世各文明国，若英、若美、若法、若德、若日本，其教育皆有注重实利主义之倾向。质言之，则人之维持生活，既为人生第一要事，教育人人使能维持其生活，或更从而进步之，斯教育之目的达矣。满清时代，愈兴教育而人民愈贫、道德愈下者，即以不注重实际教育，不能裨益于人民生活，而子弟谋生之能力愈薄弱也。余前岁为商务馆招考学徒，今岁又为中华书局招考学徒，诸生大率入学数年，略解粗浅文字及笔算，于习字、珠算及生活知识，什九皆不合格，刻实耐劳者，亦不多见。而女生入学数年，家事知识、女红技能毫无所解，仅知以女国民自命。此种社会，若不急施实利主义之教育，而欲与英、德、法、美诸国竞，其不贫且弱者，殆无天理也。

　　窃谓民国教育方针，宜以实利主义为标志，勤俭耐劳为学风。普通人民，宜令具生活之知识技能；俊秀之士，宜令备指挥监督之才，或注意于研究发明。人人有谋生之力，生活稍裕，则可以为军国民，可以为公民。其上焉者，可以研究哲学，求出世间之知识，养美丽尊严之感情。若于今日而欲泯人我之差别，去幸福之营求，窃恐利未睹而害已随之。此种思想讲学则可，定为全国教育方针，似非所宜。愿蔡君及教育界同志共研究之。记者于百忙之中，偷暇草此篇，言未尽意不达也。

1922年

导读 教育的平等是一个老生常谈的问题，常谈也便意味着教育还未使全部的人获得平等的权利，教育的不平等是教育最大的悲哀。

教育上一个大问题

现行的学校制度和拟议的新学制，在普通教育上都有一种共同的缺点，就是以中人为受教育之标准。上智下愚，应该如何？却没有办法。

以财力为受教育之标准，富而愚或尚有侥幸的希望；贫而智却只好望洋兴叹了。

我们应该知道：人的智愚，相差很远，聪明人一年的进步，笨人三年五年还赶不上。什么四三四制、六三三制、六二四制……要叫上智、中材、下愚受同一之教育，试问行与不行？不说别的，就是同一父母的兄弟，恐怕也不能有同一的进步。

我们应该知道：贫民尽有聪明的子弟，出身贫困的人物，实在比富家更多。现在的学校收费虽少，却不过便宜了小康以上的人家，真正贫穷的人还是没有力量读书。反不如从前书院制度，寒士靠着膏火还有上进的希望，出几个贫民的科甲，布衣的卿相。

我们应该知道：教育平等，是要无论贫富有同受教育的机会；不是压抑上智，捉弄下愚，使和中庸的人平等。如果以此为平等，他的结果一定是下愚仍就下愚，却把上智牺牲了。

我们应该知道：无论国和家都是靠人才振兴的。倘若全是庸人，成了一个饭桶世界，那个国家还可问吗？

我们应该知道：近来欧美、日本都在那里研究天才教育，劣等儿教育……这与我们古代因材施教的学说若合符节。德国、法国中学和小学平行，也是这个意思。人之才不才，和木料的材不材一样。倘若大匠造屋，把梁柱、椽子、门窗、地板用一样的木料，岂不是大笑话吗？

平心论之：公众教育，要他一点不牺牲，一点不勉强，那是办不到的。不过我们应该：

使富人多出点学费！

使贫人得读书的机会！

使中材以下的子弟受相当的教育！

使中材以上的子弟得优良的进步！

有人主张国民教育应该一律平等，不分阶级。又有人主张义务教育只求普及，不妨简陋。我以为这两种主张都不甚相宜。你要他一律平等，财力不及的人只好不受教育；不屑与贫愚为伍的人，不是自己家里请先生，就是进教会学校或带点特别色彩的学校（如北高、南高附属及几个南洋公学附属……等）。义务教育应该普及，谁也不能否定。不过任他简陋，把优秀儿童埋没在不良教师和简陋设备的里面，试问应该不应该？况且现在的才和财，虽然不能将义务教育完全办好，但是每县办一所乃至十余所完备的小学，那是做得到的。

我就我的理想，把小学校办法拟一草案如下。

小学校分模范小学、义务小学两种。

义务小学不收学费，设备不妨简单，教员只求有高小卒业程度。修学期二年、三年、四年。

模范小学收较巨之学费，但对于无力者得免半费或免全费。设备须完善，教员须师范毕业或曾受检定者。修学期前期四年，后期二年，并得设一年之补修科。

义务小学三年或四年修毕者，得受试验，入模范小学之三年级或四年级（假定义务小学成绩比模范小学差一年）。试验科目为写、读、算术及智力测验。如试验结果，认为天才儿童而十分贫困者，不但免学费，并给以相当之供给（如书籍纸笔费膳宿费……等）。

各县应该筹一笔天才教育费，专补助贫苦之天才子弟，从小学后期起，至中学、大学止。补助的条件：一、真正贫苦；二、看他贫苦的程度，补助一部分或全部分；三、智力测验和学校成绩，都要优等；四、某年或某二年成绩在中等以下时，得酌量停止补助；五、毕业后就职所入，当以十分之二提充天才教育费。

写到这里，戴君懋哉看了一遍，说道："你这主张好是好，不过我有三种怀疑。第一，义务教育，任他简单，将来怎么得了。第二，多数有钱的子弟和少数贫苦的天才，得受完备教育，其余任他简陋，岂不是好的愈好，不好的愈不好吗？第三，天才教育补助费，恐怕被有势力非贫苦的人占去，贫苦的天才仍旧得不着。"我回答道："义务教育如果真要普及，全国的学生数当在七八千万人，教员要一二百万，经费大约在四万万元至八万万元之间。试问有何办法？别样姑且不讲，单教员一项，现在全国的师范学校不过二三百处，每年毕业的人决不满万。如要养成百万以上的教员，真真是'俟河之清'了。每年高小毕业的人，大约在二十万以上，许他任教员，那就容易办了。况且高小毕业生比师范毕业生薪水也可减少大半。我明知道这个办法不好，但是照现在情形，财与才两方面，都非此不可。与其财才困难不能普及，不如因陋就简，使下等社会之儿童可以识些字，学点加减乘除，到底好得多呢！将来教育进步，渐渐地提高程度，严加取缔，希望百十年后，义务小学都变成了模范，岂不很好吗？现在世界各国除瑞士等文化最高之小邦，没有一国不是觉着教员不够的。英国的小学，初级就是用高级学生任助教，要任过助教的才能入师范学校。至于小学分模范、义务两种，并非我有意分阶级，倘若地方经费充足，儿童天资相差不远，何必多此一举。不过依我所见，每县办少数的模范小学，财与才还可勉强。有了几处好的学校，其余学校也可以有所观感。国民平等，只在机会上面，决不能强便智愚平等。就教育上说，一面使一般国民均受义务教育；一面把天才养成人才，不使贫而智的向隅，这才是真正平等呢！我们要把贫而愚的人民变成富而智，只有给他受好的教育。但是混在一起，智的被愚的带累，牺牲实在太大。你以为小学分阶级，好的愈好，坏的愈坏；我以为分开之后，方能'披沙拣金'，陆续把好的拔出，愈拔愈多，岂不是渐渐地都可变好吗？至于天才教育费，是不是要被有势力的占去，那是另一问题。倘若地方办学者，连这一点良心都没有，我们只好不谈教育了。"

我写这篇时，天气怪热，又常常被他事阻扰，写写停停，不能有什么精彩，还请阅者原谅！教育界诸君如愿讨论这个问题，或则试办试办，那是我所希望的。

1922年

导读 学然后知不足，做然后知不能，然而不足或不能亦都要靠继续的学与做才可转为足与能。

学然后知不足，做然后知不能

我十几岁的时候，自己觉得学胜他人，才盖当世，几乎没有我所不能的。

后来多读一点书，方才知道学问浩如烟海，我所知道的不过恒河沙数之一。办了许多事，方才知道才、不才之相去，不是一与十、一与百之比，简直是一与亿兆京垓之比。而智者千虑必有一失，愚者千虑必有一得，笨人偶有所得，竟有非聪明人所能梦想得到的。

近来有许多人，自己学力甚幼稚却自命不凡；自己没有办过事，不但看事太易，且不以他人之慎重为然；自己非哲人非能人，却藐视愚者之一得。

我敢正告我同志两句话：

学然后知不足，

做然后知不能。

1923年

导读　本文分别叙述了小学校的性质及科目问题和平民教育与成童补习教育问题。我们读民国时期教育家的文章，有一个很显著的特点是文章形式为文章主题服务，只要把道理讲清楚即可。

国民教育之两大问题

吾久不作教育文字矣。良以"簿书鞅掌"，日鲜暇晷；益以近两年来，学者名流，正在拟订学制，不学如吾，焉敢妄参末议。然此次作长江之游，见闻所及，发生无数感想，尤以关于国民教育为尤甚。兹先提出两大问题，略述鄙见，藉供教育界之研讨。

一、小学校之性质及科目

吾此次出游，仅以三周，历湘、鄂、浔、芜、宁等处，且在牯岭小住三日，对于教育上实不能有所考察。某日，长沙曹君孜谷（典球）约余及教育界诸君午餐，席间略有讨论。餐罢，参观楚怡小学。因楚怡即在曹君住宅间壁，曹君且为校董之一也。楚怡之设备、教学均极完善，大概情形如下。

（一）校地十余亩，自建校舍。

（二）用设计教学法。每一教室，一面为某级之机关，一面为某科之课堂。各就科目之性质为相当之设备（桌椅均不同）。

（三）科目完备。

（四）余参观各级所上之国语、英语、算术、自然、木工等课，教学均极有精神。一年级由女教员用设计教学法，混合国语、自然、工艺、唱歌等科，尤见特色。

（五）分九级，学生五百余人。

（六）经费年约一万三四千元。

余参观之下，觉楚怡不惟在湘可称完善之模范小学，即在沪、宁、京、津亦所罕见，尝自语曰："小学校不当如是耶？"

余素佩湘人，以为湘校即不能尽如楚怡，亦当有可观者。乃调查之下，则长沙县立城区十三校，岁费之总数，不过与楚怡一校等；而乡村学校最少之经费，年仅四十千文，合银十八九元。（银价每元兑钱二千二三百文）不但谈不到设备训练，间有并教科书而无之者。余刺激之深，殆非言语所可形容，又自语曰："小学校果当如何耶？"

归途在浔、芜、宁等处，与当地教育界人士接谈，各处普通状况如下。

甲、就学儿童多中上人家之子弟，贫苦人家甚少。换言之，即享教育费之权利，限于中上人家，而贫苦者不得参与也。

乙、稍佳之学校招考，投考之儿童无不数倍乃至十余倍于学额。换言之，即多数以额满见遗也。

丙、私塾甚发达。中上人家，且多延师设家塾。

丁、某地书业某君说："十年以前，三、百、千——《三字经》《百家姓》《千字文》——仅邻近十余县，可销二十余万。今则不及什一。不知均改入学校耶。抑村童读书者减少也？"

吾就此数则，得下列之答案。

甲、学校名额，几被中上人家占尽，贫苦子弟不得参与。

乙、额满见遗之儿童，只好入私塾或不就学。

丙、中上人家延师课读，年费少则一二百元，多则三五百元。

丁、贫苦儿童无力读书，并从前读三、百、千之权利，亦被剥夺。

吾又尝见湖南全省之教育统计，小学校数一万零，学生数三十万零，平均每校不过三十人，是大多数平均年费数十百元之单级学校也。吾就上述情形，敢正告新学制起草诸委员曰："诸先生劳精疲神，求学校科目之完备，方法之改良，然实际情形如此。试问诸君所订定者，将限于最少数之学校实行乎，抑欲通行于全国也？年费数十百元之单级学校，能课国语、算术、自然、艺术、音乐、体育许多科目乎？并时辰钟而无之学校，能以分数计乎？一校仅一身兼作仆，月俸数元之教员一人，能胜甲科三十分，乙科四十五分，丙科六十分之烦乎？天资低而教管又不良之儿童，能达最低限度乎？吾有以断其均不能也。什九之学校均不能，然则诸君所订定者，不过发表诸君之理想，与事实固无关也。不过备少数改良学校之参考，与多数之小学固无关也。"

吾在途中，曾冥思此问题，非无解决之方。然非先打破教育平等之观念则无从下手。吾以为平等云者，法律上之待遇当平等，事实上之机会当平等，而经济及天资，决不能强之平等。不惟不能强之平等，且须就各人经济及天资利导而发扬之。其结果不惟不能强之平等，必其不平等之程度愈著，方可谓尽教育之能事，所谓因材施教也。

吾以为小学校当分为三种如下。

甲、完全小学。

乙、普通初级小学。

丙、简易初级小学。

完全小学之办法如下。

1. 当力求完善——科目完备，方法改良，经费充足。

2. 不妨多收学费（每年二三十元），而定一部分之免费额。一方使有力者多担任经费，一方使贫苦天才儿童，亦得受完备之教育。

3. 小学校各学年程度，当以完全小学为标准。初级中学招生亦应以此为准。

普通初级小学办法如下。

1. 科目至少须有国语、公民、算术、体育四种。能加常识、艺术、音乐者，以加课为宜。程度不妨稍差，但升入完全高级小学时，必经试验。其不及格者可编入完全小学四年级。

2. 照现制略收学费，并定一部分之免费学额。

3. 力能设高级或不设高级而设一年之补习科，均可听便。

简易小学办法如下。

1. 科目多少听便，惟至少须有国语、算术二科。

2. 年期长短听便，但至少二年。

3. 上课时间多少听便，但每年至少须有六百小时。

4. 儿童如改入普通初级小学或完全小学，不能凭修业证书，须受严格之试验。

5. 此种小学，最好不收学费。如能筹得相当之款，并宜供给书籍、纸笔等。

此种办法，必有人笑我简陋，笑我不平等。然在今日经济、人才之下，只有此种简陋不平等之办法，可以使有力之学校益臻完善；可使教育普及，贫苦儿童得受教育之机会；更可使种种不齐之儿童各得其所；尤可免教育费被中上人家占尽，屏贫民于教育之外也。

二、平民教育与成童补习教育

近来平民教育之推广与日俱进，此吾国今日最好之现象也。然吾此次出游见有两现象。

甲、一般社会对于平民教育之教材多所怀疑。即办理平民学校者，亦漫无把握。而学生亦觉读书四个月之所获无甚用处。

乙、平民学校成人少而成童多，并有学龄儿童。

关于甲问题，在湘曾与教育界诸君作一度之讨论。某君语甚中肯。其言曰：

"平民以四个月读书，光阴有限，教材当精选合于贫民需要者。如太空泛，毕业毫无用处，不但牺牲来学者之光阴，且减少平民教育之信用，前途殊可虑也。吾以为平民教育之教材当注意三项：（一）日用之字。（二）最浅之信札账簿。（三）做人之知识。否则不如读旧时之杂字、贤文，尚较切实用也。"

吾答之曰：

"年来要求吾局编印平民课本者甚多。然吾局对于此种势必赔累之事业实无力举办。后以督促者众，乃集同人讨论，拟勉力编行。然对于教材取舍，会议多次不能解决，最后决定八项：（一）"杂字"式之文字。（二）简浅之信札及家用账。（三）民间文学之歌谣。（四）浅显有益之格言、谚语。（五）可为模范之故事。（六）浅近切要之常识。（七）浅近之公民知识。（八）简易之世界及中国大势。现在业已脱稿，日内即可出版。惟同人学识有限，不知能合用否？"

在座者颇以为然，然途中加以考虑，觉尚有许多问题。今略提如下。

1. 算术应否加课？用笔算，抑用珠算？程度如何？教法如何？

2. 四个月毕业后，应否深造？应否设高级学校？应设若干级？

3. 四个月毕业，如何可以使学生不忘记？用何方法自修练习？

4. 平民读书之后能否应用？生活上有无较良之影响？

此种种问题，吾尚不能作答案。尚望从事平民教育者研究而解决之！

关于乙问题，吾曾发表意见云：

"平民教育，实系成人补习教育。教材之取舍，教授之方法，均以成人为标准。如羼入儿童，则儿童之心理不同，阅历过少，混同受课绝不相宜。且儿童正当受教育之时，更不可以此四个月之读书代替教育。小学一时不能多设，无从容纳此多数儿童，或更因生计关系，不能于日间上学。似宜设法办成童补习学校。即就各小学校办理，校舍校具均可利用。一旋踵间，即可得无数之成童补习学校。其课程以国语、算术为主。可将初级小学四年之课程缩为两年授完。此事较平民教育尤为重要。盖此种成童，如不亟施教育，则十年二十年后之成人多数犹如今日，其危险为何如耶！"

在座诸君颇为动容。实则成童补习教育，在现在教育事业中最为重要。盖过去及现在学龄儿童就学者，不及百分之二十。其百分之八十以上，均有待于此成童补习学校。况就原有之小学校，添设补修夜课，事一而功什。望各地教育界速起提倡，以其关系于国家、国民者至巨也。

1925 年

导读 本文是一篇很有历史价值的记叙文，作者详细描述了北京、天津两地的人文社会状况及教育情况，可从侧面了解一些真实情况。这种近于社会调查与游戏之间的文章在民国时期比较普遍，这种文章多暗含了作者的观点在里面。

京津两月记

辛亥之夏，中央教育会开会，余入都旁听。六月十日，乘招商局新丰轮船，十一（日）早发上海，余携眷行。因外舅宦京师，内子藉以归宁也。同行者张君菊生、汪君美臣，舟中又遇陈君叔通、姚君作霖、杜君海生、项君兰生、邵君仲威父子等，故颇不寂寞。

午刻过茶山，小有风浪，过此则水波不兴，舟行极稳，不惟不患晕眩，且饮啖胜常焉。十三（日）黎明，抵烟台。有小儿十数辈，全身赤裸，泛小舟向人乞钱。人以铜元或小银元投海中，则踊身入海，倏即拾得，亦异观也。九时，余与同舟诸人登岸游览。烟台埠头临海，有一小阜，风景绝佳，各国领事署及外人坟墓在焉。阜左右皆濒海之市场，局面虽小，而甚整洁。闻华街尚殷阗，欲往观之，乃一经涉足，则地上积污水甚多，臭味触鼻欲呕。地方自治，整理市政，固如此耶！有外人设小肆，售烟台风景明信片者，以小银元二购四枚，旋往邮局发上海、南昌明信片各一。午后二时启碇，十四（日）早抵大沽口外。潮水已过，遂停而待潮。午正始开入大沽口，炮台遗址，犹能见之。经塘沽未停。大沽至天津，河道曲折，舟行忽东忽西，旧传有七十二沽，今已平去数沽云。午后五时，抵天津，不及乘火车，仍宿舟中。次（日）早九时，乘汽车入都。余等皆乘二等车，然座位窄狭，布置欠妥，反不如沪杭、沪宁之三等。行李不给票，即载三等车中，须自行派人照管。十一时半，抵京。孙君伯恒等在车站相迓，外舅亦派马车来迎。乃令内子乘马车先行，余等至税关照料检视。粤事起后，检查倍严，见新式皮包，则尤注意，其心理可知矣。余等在税关一小时，方验毕放行。余即寓外舅处。时三弟堉亦寓焉，以暑假出校也。仲弟则已往赣省亲，未及把晤。张君本住六国饭店，后以宾客往来，诸多不便，又以外舅坚邀，遂来同寓，以便朝夕过从焉。

住京中月余，身所历、耳所闻、目所见之事不一而足，不能一一记之。今择其可供参考者，略述一二，倘亦阅者所愿闻乎。就所忆及，随手书之，不加诠次也。

京师道路不治，泥泞难行，此人人所共知者也，某地理教科如是云云。学部批令改正谓，回銮以后，大加整顿，渐臻平坦。余心疑焉。客冬入都，道路颇整洁，余大奖之。某君告以系坚冻之故，启冻之后，不能如是也。余告以学部批改某地理教科之语。某君曰：二者皆是也。学部所言，系指摄政王及外人日日经行之地。某教科所言，则指寻常之路也。余又疑焉。此次住京较久，日日外出，饱尝红尘万丈、泥深没胫之滋味。尤苦者，道路崎岖，无论乘马车、骡车、人力车无不病其颠簸。然行经东交民巷及东华门、后门，诸路则王道，坦坦不啻上海之大马路也。现有橡皮人力车稍佳。惟雨后泥深，拉挽甚艰，不能远行耳。

在京者最讲拜客、请客，殆占人事光阴之半。入世较久、交际较广之人，无不疲于奔命。然拜客未必能见，且亦并不愿见之。日惟讨生活于车中而已。繁文缛节，伤时废事，良可叹也。

京人最无惜时之观念。某君告余，尝赴某君之宴于某肆，请帖写午后五时，迨六时往，以为客必齐矣。乃候之半小时，主人尚未来。而更有一局，不能久待，遂向肆中索菜二色，匆匆食之去。时已七时许矣，宾主皆未至也。一日某君设宴于广合居，延客十二人，余亦与焉。预约午正十二时。余一时往，见主人与二客坐谈。又时许，更来二客。催客者返肆，言除某某三人外，余均到。而先来之二客，不能久待，遂开宴，已二时许，食毕已三时半矣。宾主将散，侍者大呼客至，残肴陈列，席上宾主互相抱歉。余与先来之二客告辞出，不知其结果如何也。公共开会，大率言一时者，必三时乃能到过半数。一面开会，一面到会，常有至五六时方到者，不足异也。

京人最污秽不洁。无论何家，无不患蝇，故门前常垂帘，不至天暝不悬起也。厕所无一家不污秽狼藉，不堪驻足。余告某君以南方厕屋之制，渠大喜，以为闻所未闻。夏日粪夫恒倾粪途中，民部稍干涉之，遂以罢市要挟。其殆将长此为秽乡矣。

京中道路不治，固也，而沟渠之淤塞尤甚。夏日大雨俄顷，天井之中，积水盈尺。廊又不相衔接，于是一雨而家家之交通断绝。常有宴客之际大雨倾盆，宴毕，水积不能步行，遂由仆人负之登车。女宾尤苦，非有健硕之女佣，竟有不能登车之势也。

北京因患蚊蝇尘沙之故，窗棂皆不能启。窗心糊纱，四周糊纸。天空空气，因地势高爽，甚为清鲜。室中则异常闷苦，颇害卫生。一日不外出，辄如患病。北人无论男女，无不出外嬉游。南人来者，眷属每不喜出外，终日蛰居家中，妇女之病而死者，比比皆然。此亦居京者不可不知之事也。

京中皆平屋，且不甚高，故偶有楼房，登临远眺，异常舒适。惟东交民巷则崇楼杰阁，鳞次栉比，气象迥别。

京城内少游览之地，内城惟什刹海，外城惟陶然亭耳。一日，偕吴君蔼辰、谷君九峰、袁君观澜、杜君海生游颐和园。晨七时，乘马车往。出西直门，沿大道行。此路特筑以往园者，中系沙土，两旁石条，夹道有树，颇极整洁。约行二时，至园外。先在外部公所小憩，旋由外部苏拉导引入园。此园背山面湖，天然景致，固极优美，然人工之劣，适与成反比例。房屋概类庙宇，画栋雕梁皆极粗率。两宫寝宫亦如常人之无窗垂帘，惟稍大耳。树木绝少，湖滨如遍植杨柳，景象自佳。乃毫不种树，用水泥筑长堤，一无蔽日之物。湖中有小艇四艘，系为外人备者，即寻常平底划子，上无盖，下无座，仅有垫褥备坐而已。湖中有一船亭，布置稍佳，尚可坐憩。戏台虽大，亦极粗陋，远不及上海戏园也。甲申、甲午之间，海军经费用于此园者，闻有九千万之巨。睹其工程曾不值二百万，且毫无可以流连之处，洵异事也。约二小时，即游毕。归途往农事试验场，场中动物一部，曰万牲园，珍禽异兽，多不常见者，较之南洋劝业会动物园，种类更多。植物一部，即试验场。占地千亩，布置极佳，亭阁台榭，河池园圃，无一不令人流连不忍去，所费不过三十万金云。盖颐和园系内侍木商所主持，此则叶君基桢所布置。叶君苏人，农学专家。甚矣！学术之为用大也。

当游颐和园之日，途中先经二园。一则墙垣高整，树木阴森。一则颓垣残瓦，满目荒芜。后询之人，方知前者为庆邸别墅，后者乃圆明园也。闻圆明园被火之后，宫室池苑虽毁，而合抱大树，存者犹多。庚子联军入都之时，土人盗伐大树出售，于是此园遂一无所有矣。

京师、天津，无论戏馆、酒馆、茶馆以及汽车中，无不男女分座。惟男子与女子偕者，仍坐女座。公共游览之地，则男女分日，然司其事者仍男子也。更有轻薄子弟与司事稔者，辄于女宾游览之日，杂司事中，品头题足，不知整饬风化之谓何也。

余弟垧、堭皆肄业清华学堂。闰月十九，垧弟迁入校中。越二日，余往访之。初以为该校即在海甸，乃至海甸遍询不获。后方知其过圆明园向北（往颐和园则向南）尚有二三里也。至校，由号房引进。时余尚未午餐，垧弟向厨房购汤面一大碗食之，略可果腹。遂导观全校。该校旧为清华园，周约六里。新建校舍，极其适宜。惟过于铺张，不免糜费耳。现分中学五级，高等三级，学生约五百人。中学卒业者，最优等升入高等肄业，优等以下仍须与外间投考者行竞争试验（此着甚佳，盖所选拔者必多天资优秀之人）。高等三年期满，最优等派遣留美，优等以下给予文凭，听其他适。功课亦尚佳，中学较上海各校课程稍缓，盖为熟习计也（上海各中学教授甚迅，高才生甚获益，中人以下辄觉不甚娴熟）。监督范君静笙，时适外出，未及晤谈。午后三时微雨，旋即返京。抵寓已傍晚矣。

北京城垣高而厚。余曾登城散步。前门至崇文门一带，在东交民巷界内，整洁无比，沿途置铁椅。夕阳西下之时，西人辄登城游散，间有策驴而过者。他处城上，则草木丛生，污秽殊甚，城楼亦颓败不堪，良可叹也！

内城交通殊不便。因紫禁城位于中央，既禁往来，西苑又突出西北隅，东西往来，必绕前门或后门。如余自石大人胡同往学部，直行不过四五里，然一绕道则十里而遥矣。余尝谓：朝廷如果有求治之意，当先将西苑作为公园，午门外准人来往，就城垣筑电车轨道。此等易如反掌之事，尚不肯为，他种事庸有望乎？

在北京两月，所闻所见之事，无一不堪浩叹者。所谓改革，无一不似是而非。冥顽刁狡者，自行其是，以开通自命之侪，又从而附和之。某君谓：四品以下之京官，开通有才者，实非鲜少。其所以不能为善者，盖大半仰承堂官意旨，逢君之恶甚或长君之恶耳。

中央教育会以闰月二十日闭会。余本拟偕张君往奉天，后以事阻，未克如愿，遂于二十七日出京。内子暂留京，因外舅赴滇，先至上海，内子俟与偕行也。午后四时半，至正阳门京奉车站，购头等票。座位甚宽适，搭客极少。车中遇林君子有，沿途畅谈。晚七时抵津，寓商务会馆。终夜车声不绝，未曾交睫。友人汪、吕二君，任种植园事，次日即移住园中。此园属劝业道，为官立农事试验场。占地千余亩，空气极佳。中有小河贯之，一日傍晚，荡舟其间爽适异常，农家风味，至足羡也！

夙闻天津学务发达，在津五日，专以参观学堂为事。历观北洋女子师范学堂、高等女学堂、高等工业学堂、南开中学堂、师范学堂、模范小学堂、督署小学堂、民立第一、第二小学堂、官立第九女子小学堂。略就所见，一批评之。

北洋女子师范为天津女学第一。校舍宏敞，布置适宜，分理科、文科二部。余参观时，理科部由某君授三角，文科部由德国某女士授图画。教授合法，成绩优美。惟两部皆为第四年级，而程度复参差不齐，编制稍觉不合。附属小学分三级，第一年级由无锡陶女士授算术，叮咛恳切，可谓循循善诱，女教员中不可多得者也。余二级一授算术，一授国文，皆女教员教授，不甚得宜。

高等女学堂，名为高等，然程度实为小学。分为四班，略如初、高小程度。并附设幼稚园，布置尚合宜。

高等工业学堂，现开专科三门，应用化学、机械、图案是也。附设中学五级。专科规模未备，器械亦不多。是日中学不尽有课，有作文者，有读文者。惟五年级授外国地理，用商务馆《瀛环全志》。此书已旧，教员不知改订，一失也。教员端坐，持书顺讲，注重文字，而略于大势，二失也。学生有地图，而教员无之，且不知利用黑板，三失也。综此三失，而地理教授之精神，全归于消灭矣。

高等工业对门，即水产学堂，余顺道往观，时正午后三时也。门者引入客室，坐近半小时，方来告以校长不在。询庶务员，亦外出。询教员，皆未来。学生则三三五五，散在各处，甚嚣尘上。询以已开学否，答以已开学一星期余。余愤甚，遂辞出。此校属劝业道，何以腐败至是也！

余往观南开中学及师范学堂，适星期六午后，皆无课。南开中学则由某君导观校舍一周。建筑适宜，课程极佳。读经每星期仅三小时，尤为特色。仪器亦甚完备，洵良校也。寄宿舍分三部。东北二部，均尚适宜。惟西部室甚小，而宿四人，榻皆衔接，丁卫生管理，均不适宜。厨房亦逼近宿舍，是皆该校之小疵。师范学堂未及参观，仅略视附属小学，精神形式均不见有特色，不如模范、督署二校也。

1911年

导读 　国民的盗性属于我国民劣根性之一种，且为最恶劣的特性。陆费逵在本文中不仅详细阐述了这种盗性的弊端，更指出了除盗性之方法，即从家庭的教育、学校的教育之中尽早根治。

除国民盗性论

　　中华民国七年11月21日，上海中外人士，庆祝协约国战胜，如醉如狂。吾默思战后世界之前途，忽惕然有所警悟。吾国民有最弱之一点，不速祛之，岂惟无以自立于世界，行将变全国民为盗匪，而受人之汰除。厥点维何？曰：国民盗性是也。吾国家受国民盗性之害深矣，吾社会受国民盗性之害深矣，吾实业界受国民盗性之害深矣！吾同胞个人以盗性害人而自害者，尤不可胜数矣！呜呼，何其酷也！22日晨起，觉胸中所怀，非略吐之，以告我国民，以告我教育家亟加注意，则盗性终将亡我国而灭我种也。爰草此篇，以就正于当世。吾下笔之际，心中不知作何感觉。呜呼，吾心痛矣！

　　呜呼，我中华国力衰颓，社会疲敝，至今日而极矣！揆厥原因，虽非一端，然国民大多均有盗性，实为原因中之原因。闻者疑吾言乎，盍一察夫现状？推厥原委，其最显著者，绿林遍地，群盗如毛，通都大邑，窃劫时闻。然此乃小民迫于饥寒者所为，何代无之，何国无之。虽为国家社会之害，非心腹之病也。吾最痛心者，则在国民之盗性。政治家不思所以遏之，教育家不思所以除之，而反提倡崇拜，不遗余力。长此以往，即有良法美政，即能人无不学，不惟无补于国家，无益于社会，且恐反致沦胥以亡矣。呜呼，哀哉！

　　有人于此，人呼之曰盗，则色然怒。有人于此，人颂其赚钱发财，则色然喜。盗固恶名，其怒之也亦宜。殊不知赚钱发财四字中，含几许盗性，含几许盗行，含几许甚于操戈矛者之所为。官之发财，仅中饱者，已为分所应得，枉法贪赃，已为叔世良吏。今则强夺民财者有之，政以贿成者有之，明侵国库者有之，分肥卖国者有之。官不理事而惟盗行之是务，天下危险之事，孰有甚于此者哉！然若社会风淳，则清议可惧，自必稍有顾忌，士多廉洁，亦可陟正黜邪。无如祸乱频仍，民德日偷，盗性之表现者，挪移侵吞，欺骗诈伪，舞弊中饱，偷窃沾润，实业败于此，公益败于此。呜呼！盗亦有道，此种行为，并盗之不若矣。人不甘居盗名，而乃行甚于盗之行，人心如此，国家尚可问邪，社会尚可问邪！

世界宗教，无不戒盗。孔门非义不取，包含最广，陈义最高，固无论已。耶教戒无攘窃，毋贪人宅第、妻室、仆婢、牛驴与凡属于人者。（见《旧约出埃及记》）。回教谓财货非义不取，非礼不用，百官非礼不纳，朝廷非礼不税。（见《天方典礼》）佛教五戒及十善戒，均以不偷盗戒次不杀之后，不淫之前。绪经论所说，至为详尽。尤警辟者，谓偷盗造贫贱业因，来世勤苦所得财物，供他人用，或罹盗劫、水灾、火灾，或为不爱子所耗散。又谓不偷盗永无忧患。夫偷盗者，昧良心，犯国法，以求财物之益己也。然不造富贵因，而造贫贱因，不得安享而罹诸灾，不能带往冥间，而反偿于来世，不能长久保存，而反为子孙耗散，夫亦不可以已乎！吾国人素宗孔圣，二千年来，佛教尤深入人心，即耶、回二教，崇拜者亦各千百万人。奈何对于四大宗教最重之戒律，旦旦而违犯之也，其罪过可胜言哉？此就宗教上言之而必除盗性者，一也。

现行刑律规定，窃盗处三等至五等徒刑。诈欺取财，损害或侵占他人之财物，亦处三等至五等徒刑。而损害或侵占公务上、业务上之财物，则处二等或三等徒刑。是挪移、侵吞、欺骗、诈伪、舞弊中饱、偷窃侵润等纯属他人者，与窃盗同罪。与己有公务、业务上关系者，则倍重焉。（三等至五等徒刑期五年至二年，二等至三等徒刑期，十年至三年。）良以己既为公务、业务之一员，对于公务、业务上财物，当然负其责任。今乃侵占或损害之，是食其禄而害其事也。故罚从重，亦所以证明虽无盗名，而行甚于盗，则其罪亦甚耳。吾国人素以不入公门为体面，若以盗行之故，受倍重于盗之刑，其损人格为何如耶？此就国法上言之而必除盗性者，又一也。

俗以男盗女娼为最可耻，为最重之誓罚。吾则以为操戈矛者，其可耻与娼相等；侵占损害财物之盗，其可耻实甚于为娼，直有夫之妇倚门卖笑耳。何则，世之娼、盗，乃无告之民以此为业者也。食人禄者，当治人之事，换言之，即当为人御盗者也。今乃不尽其御盗之力，反自盗之，以破其邦家，坏其事业。则与有夫之妇，己以终身仰望于其夫，而乃倚门卖笑，破其家庭，坏其家风者，又何以异？世人以为娼、盗子、子为娼、盗为最可耻。殊不知己身一有盗性，一有盗行，则其父母有盗子，而其子女有盗父矣。天下伤心之事，有过于此者哉！吾国人素重家庭之清白，污及父母，常以性命相斗。今则贪一时身外之物，自污其父母，并污其子女，而不觉悟，真所谓大惑不解者矣！此就伦理上言之而必除盗性者，又一也。

吾人生世，以立身为第一义。如何而能立身，则必其人有负托之信义，夫然后乃能立于社会之上。佛经谓偷盗常使人疑。（见《智度论》）夫吾人处世，而常使人疑，焉能安业而求进步也。夫挪移侵吞，欺骗诈伪，舞弊中饱，偷窃沾润等盗行，有一次败露者，有数次败露者，有十百次败露者。一经败露，则为国法所不容，社会所不齿，非羁押囹圄，即终身坎轲，甚至流为乞丐，饥寒而死。所得几何？所失几何？何如廉洁自守之心安理得，且可徐图进步哉。孰得孰失，何去何从，苟非痴癫，此种至浅之计算，必能了然于胸中。或以入不敷出为借口，殊不知人生世上，生活程度可高可低。苟不生活过分，奢侈消耗，饮食征逐，赌博冶游者，未见其入不敷出也。若其有之，则铜山金穴，亦有尽时，吾将见其无论所入几何，将永不敷出也。吾国古训，勤俭克家。今乃不勤不俭，而欲以盗行克家，窃恐天壤之间，永无此辈容身之所。颠沛于生前，苦楚于死后，负累于来生，真所谓自作孽不可活，吾末如之何也已矣！此就立身上言之而必除盗性者，又一也。

　　除盗性之法奈何？曰：无他，严人己之辨而已。苏东坡谓："苟非吾之所有，虽一毫而莫取。"充此精神，则盗性早绝于人世矣。家庭教育，首须注意于此。昔有盗将受死刑，诱其母而啮其乳，曰："吾儿时窃人鸡卵，母不加禁阻，反奖其能。自是吾日从事于窃，以至受死刑。吾今悔之不及，啮母以告世之为人母者，勿贪一时小利，而任小儿行窃也。"此盗虽大逆至愚，然其言可使为父母者反省也。学校关系尤大，盖七八岁乃至十五六岁，实为一生荣枯所关。此时所习，真成自然。而儿童初与他人接触，人己界限，常不明晰。为师者苟不处处注意，防遏启迪，其患有不可胜言者矣。若夫成人，则应由社会制裁之。遇此等事，屏勿与齿。朋友之间，互相责难，互相监督，不可姑息而养害群之马，致害人以自害。然而为仁由己，决非由人。个人当觉悟盗性之害群害己，有则改之，无则加勉，以免身败名裂。若真入不敷出，当亟图支出之减少，幸勿丧人格而罹法纲，将聪明才智牺牲于窃盗间也。盗性一除，人人有付托之信用，处处无暗耗之损失，将见事业日以发达，用人日以增多。各尽所长，以活动于社会，不必行盗行，而财物自能获得，国家社会，胥以昌盛，岂不善哉！孔子治鲁三月，道不拾遗，无他，盗性除尽，而人莫不知人己所有权之辨也。呜呼！财物琐屑之间，关系于国家、社会、家庭个人者如此之巨，有教育之责者，可不知所注意哉！

1918年

导读 "吾人既非生知之圣，又无学知之资，如略有所得，不捉拿定而时习之，不少间断，则又何从尊德性而道问学哉？成功之道，固莫过夫习也。然苟非一贯之道，则千端万绪，仅能不时温习，讵克时习之哉？"

"学而时习之"解

《论语》开首记孔子之言，即为"学而时习之，不亦说乎"。朱子谓："学为效先觉之所为。"王子谓："学是学去人欲、存天理，而自正诸先觉。"朱子、程子训习，均有复习之意。王子训习，为习此心。余读而疑之。依朱子之说，则与温故何异？且先觉非一人，效非一端，亦难一一而时习也。依王子之说，则学去人欲、存天理，当习此心，学他事则如何耶？盖朱子以道问学为宗旨，王子以尊德性为宗旨，故其所说不同。然细按之，则二子均训学为效，其实质固相同也。

《说文》训学曰"觉悟"也。余以为此学字当作觉悟解。孔子之意，谓吾所觉悟之心得，时时习之，无一息之间断，则中心喜悦矣。孔子生知之圣，故能自觉悟。曾子学知之资，故有待于传。生知之圣，自觉而自习之，中心固属喜悦。学知之资，得师以所觉者传之而自习之，其中心亦必喜悦无疑。所觉所传者何？则一贯之道也。更以大学证之，学与传，均知止也。习之不已，则定、静、安、虑、得以次而程其功矣。故曰：或生而知之，或学而知之，及其成功一也。

近人讲静坐深呼吸者，谓不可五分钟忘致力于丹田，此语可为"学而时习之"说明。发明此理者，学也，觉也。得发明者之传授，传也。（传有二：或得之于授，或得之于书。）五分钟不忘致力于丹田，则习也。夫学问之道，习最重要。苟无恒于习，传受者固不能真有所得，自觉者亦如浮云之过目，又何益于己乎？吾人既非生知之圣，又无学知之资，如略有所得，不捉拿定而时习之，不少间断，则又何从尊德性而道问学哉？成功之道，固莫过夫习也。然苟非一贯之道，则千端万绪，仅能不时温习，讵克时习之哉？

1919年

导读   "格物"出自《礼记·大学》："致知在格物，物格而后知致。"格物致知是中国古代儒家思想的重要概念之一，即推究事物的原理法则，并总结为理性知识。

"格物"解

《大学》之教八事，而以格物、致知为始基。惟格物二字究作何解，郑氏、朱子、王子各执一说，莫由确定。郑氏之言曰："格，来也。物，犹事也。其知于善深，则来善物；其知于恶深，则来恶物。言事缘人所好，来也。"朱子之言曰："格，至也。物，犹事也。穷至事物之理，欲其极处无不到也。"其补致知格物章曰："即凡天下之物，莫不因其已知之理而益穷之，以求至乎其极。至于用力之久，而一旦豁然贯通焉，则众物之表里精粗无不到，而吾心之全体大用无不明矣。"王子之言曰："格物，如孟子大人格君心之格，是去其心之不正，以全其本体之正。但意念所在，即要去其不正，以全其正。即无时无处不是存天理，即是穷理，即是明德，即是明明德。"

郑氏之言，似致知在格物之先，知致而后物来也。朱子之言，过于穷极。物物格之，将终身不能毕，更何有时间以诚正修齐哉！且物之理也，繁赜深奥，以一人之智力欲穷其极，实属不可能之事，宜王子格竹七日而病也。王子之言，是一种修养下手工夫，亦非格物本旨，且与正心相类。果如王子之言，则格物、致知可以包括一切矣，何必继之以诚意、正心哉！此皆吾人所怀疑者也。

吾意大学始教，首在格物。则格物之工夫，必非艰深难行者可知。窃以为所谓格物者，明事物当然之理也。即吾国旧说所谓知人情物理，新说所谓常识也。《文选》注引仓颉说，释格为度（入声）量。如释格物为度量事物之理，庶乎近是。

吾之所说，是否正确，尚不敢下断语。假定认为正确，则《大学》八事之次序，及其下手之方法，可得而言焉。大学始教，欲令学者明人情物理。人情物理既明，则可致吾良知而斟酌取舍焉。吾认为当行者，则必出于诚意，毋自欺而慎其独焉。犹恐心有不存，则无以检其身也。于是常察其不正，而存心以修身。至是则一己之德成矣，乃进而齐家、治国、平天下焉。

今更引例以明之。赤子入井必将溺死，人情物理也。明此理，即格物也。见赤子入井而动救之之念，致知也。救之出于本心，而非求人知，非纳交于其父母，诚意也。明知其为吾仇之子，不以忿懥而失我之心，正心也。卒救其人，则身修矣。然非了然于入井溺死之理，则莫由致吾之知而救之，更何有于诚意、正心哉。故曰：物格而后知至，知至而后意诚，意诚而后心正，心正而后身修。

孔子言为仁之目曰：非礼勿视、听、言、动。王子格非之说，似由此悟及。但孰为礼，孰为非礼，是格物、致知功夫。勿视、勿听、勿言、勿动，则非诚意、正心不克行之也。能非礼勿视、听、言、动，则身修矣。《大学》为入德之门，其所述入德工夫，秩序井然，平易易行。若解之过于艰深，反失入门之本义矣。

近人译理科为格致科，实属唐突古人。朱子所说，亦非如是。人学本旨，失之更远。吾人幸勿再用此名词也。

1919年

导读 本文是陆费逵先生对于1919年所爆发的五四运动的客观评价，他一方面肯定学生及各界能知世界大势、爱国之心渐能普及、团结一致，有序行；另一方面他也提出了学潮所暴露的三个弊端：第一，偏消极而缺积极；第二，乏辨别力；第三，无远虑。可谓一语中的。

学界风潮感言

（一）

"《诗》云：'人之云亡，邦国殄瘁。'汉室灭矣，但未知瞻乌爰止于谁之屋尔！"此郭泰因汉灵帝时指学者为党人，穷加禁诛之恸言也。卒之颓波横流，公议败绩。其结果如何，稍读国史者皆知之，无待烦言也。

宋自神宗以来，党祸踵起，强敌临境，诏求直言。徽宗追惟己愆，悔之无及，传位钦宗，以收人心。钦宗既立，太学生陈东请诛蔡京等六人，嘉纳而不即施行。金人忌李纲，罢免以谢。太学生陈东等及都民数万人上书留纲，挝坏登闻鼓，喧呼动天地。钦宗恐生变，勉从之。然畏金责言，不数月仍罢去。自是人心愈失，国事日非。其结果如何，稍读国史者皆知之，无待烦言也。

有明之季，东厂以威权制天下，东林以清议制朝廷。正士诛锄，民心涣散。其结果如何，稍读国史者皆知之，无待烦言也。

夫往事彰彰，尽在简册，后人读之，是非立判。徽、钦读汉史，曷尝不叹息痛恨夫桓灵；熹、庄读宋史，曷尝不叹息痛恨乎徽、钦。然卒自为桓、灵，自为徽、钦，而不悟，悲哉！

呜呼！吾读史而心惕然，吾读报而心惕然。吾国历史上之公例，学者都民与政府相持，辄为异族凭陵之先声。五胡、金、清之入中国，其元勋当推桓、灵、徽、熹也。李膺、陈东及东林诸贤，又何曾思及牺牲一切而无救危亡哉！后之君子，可以鉴矣。

<h1 style="text-align:center">（二）</h1>

法国于第十五世纪之时，巴黎大学学生与国会有同一之权利，对于国事均可发言。十六世纪之初，法皇路易十二与教皇联合，狼狈为奸。暴征横敛，国事日非。学生与国会合力抵制，卒无效果，并政治上发言权而失之。然学生不因此而自馁，讲学愈力，思想益高，卒能推翻帝政，建立法兰西共和国。彼皇室方面，不过得居处不宁，一再丧身断头台之结果而已！

哈诺华者，德意志联邦之一也。十九世纪之初，属于英国，旋离英而立新王伊业士。伊业士浮荡跋扈，浪费二百五十万金，又于千八百三十七年下诏宣布，谓已对宪法无服从之义务。官吏人民，处积威之下，不敢有所表示。惟格廷金大学校教员七人出而反对，迫王收回成命。王怒，免七人职，限三日以内出境。临行之时，学生群集送别，俨如凯旋军。各地人民均表同情，募款扶持，共得二万二千金。各大学争聘七人，义金亦未动，后以之办他种公益之事。斯举也，伊业士以压力占一时之胜着，然因此激起国民之自动。千八百四十八年德意志国会创立运动，实胚胎于此。伊业士当时詈七教员曰："扰乱世界之斯文畜生。"其精神上之痛苦，实非笔墨所能形容也。

俄国素以专制称于世。十九世纪初叶，虚无党之名称，忽现于俄国史上。而大学、专门学校乃至中等学校之学生，见政治腐败，愤慨烦恼一时俱集。始则以团体示威，然处于政府及教会压力之下，日入悲观。于是寄情酒色者有之，自杀以殉其主义者有之。其强毅不屈者，或单独从事暗杀，或加入虚无党。卒之帝后显宦，一再死于非命，兵败地蹙，至今无从收拾。然俄国国民经种种阅历，终不能禁其无所建立也。

日俄战后，订立《朴茨茅斯条约》。日本国民以所得权利不足偿其欲望，于是愤外交之失败，学生市民，集合而攻击政府，焚电车，毁警署，各地响应，全国纷然。经政府解释镇压，幸得无事。然日本朝野上下，因此而有所觉悟。政治、经济上之设施，国民民治之理想，谓其为此役所促进，无不可也。

上所述者，骤视之，与李膺、陈东及东林诸贤之举动，无甚差别，其严重或犹不逮。然其结果不同，何也？毋亦以一般国民之思想与世界之潮流、物质之进步，有以左右之耶？有以左右之耶？

（三）

吾对于此次学界风潮，不免一喜一惧。喜者，喜吾国青年及一班国民均能知世界大势，不复如前之视世界之事如隔岸观火。次则喜爱国之心渐能普及，不复如前之视国家之盛衰如秦人视越人之肥瘠。次则喜合群之力，有秩序之行动，确有进步，不复如前之一盘散沙，矛盾紊乱。此三者，皆国民所亟需之智德，为立国不可少之条件。此次均能为一种之表现，实吾人所最喜慰者也。

然吾人于此，有三事颇引为隐忧。第一，偏消极而缺积极。教育总长、各校校长之辞职也，学生之自杀也，不过此点之一现象。就一切观察之，殆有消极而无积极。虽则时势使然，毋亦国民性质上之缺点耶？李膺、陈东及东林诸贤，徒牺牲而无救危亡，抑亦此缺点之结果也。第二，乏辨别力。就此次抵制日货言之，不能谓不较从前进步，然并原料、技师而抵制之，实为自杀之政策。盖真有组织之抵制，当禁生货之输出，熟货之输入也。第三，无远虑。此次风潮，起于仓卒，为一时义愤所激，附和者或不免以此为名高，其无远大之计划，固不必讳。然吾人既大牺牲以报国矣，即当为根本之图。否则今后国事与此次相同者，必数见不一见。吾人能一再如此次耶？况民气易动而难静，即以罢课言之，罢课之效力结果与将来之影响究竟如何，吾恐学生诸君曾未计及。故吾人对于此次风潮，敬之佩之，而不能谓无遗憾也。

（四）

中国式之国民、学生与政府相持既如彼，外国式之国民、学生与政府相持又如此。吾国此次风潮，中国式乎，外国式乎？其结果将为吉乎，为凶乎？吾愿吾国上下一考虑之也。旧政治家、军事家，前清叔世，试验数十年，既失败矣；新政治家、军事家，试验一二十年矣，其成绩何如乎？民主，帝制，其祸国一也。伪法，护法，其祸国一也。南征，北伐，其祸国一也。吾国将来之成立，将谁恃乎？若谓恃今日之学生乎，则今日学校，真有国民的训练者，殊不多遘。吾恐其与前此之不良留学生为一丘之貉也。呜呼！教育不注重养成人格，则学艺适为济恶之具。彼大奸巨憝，岂下愚所能胜任哉！

国民的训练，人格的修养，其收效虽在十年数十年之后，然七年之病，求三年之艾，苟为不畜，终不得也。吾国民乎，吾学生乎，吾教育家乎，愿诸君三复斯言。

吾前文作于六月一日，窃虑学界与政府相持过急，激生他变，以陷民国于东汉、北宋、有明之结果。忽而警电传来，北京学生千余人被捕，上海工商界咸动公愤，五日商界全体罢市，工界亦陆续罢工。学界、商界用种种方法阻之，均不可得。十日沪宁、沪杭两路亦停车矣。各地闻风响应，指不胜屈。若汉口、若芜湖、若南京、若苏州、若杭州、若宁波、若南昌、若厦门、若天津、若济南，特其较大而彰著者耳。甚至青红两帮，亦议决于罢市期间，不盗不窃。上海罢市七日，并扒手亦不之见。呜呼！我国民程度竟如是之高，殊山人意料之外。孟子曰："无敌国外患者，国恒亡。"吾国今日处敌国外患之中，刺激愈深，团结愈固。吾国他日苟不亡者，不得不感彼狡焉，思启者之惠我无穷也！

吾前文方虑我政府与国民情谊隔膜，或致为桓、灵、徽、熹而不悟。今日报载曹、章、陆免职，足见政府未尝不以民意为重。而此数十万学生之牺牲，与夫各埠千百万人之罢市、罢工，实真正民意之表示。铁路、电报、印刷、报章等，其功效尤为彰著。我政府竟不蹈桓、灵、徽、熹之覆辙，固属当局者不似前此帝王之昏愦，而铁路、电报、印刷、报章等，远胜于登闻鼓，从可知矣。此又不能不感激文明先进诸国之发明者也！

吾工、商、学界此次举动，直接得释放学生罢免曹等之结果，其关系尚小；间接可得提起国民爱国之精神团结之巩固，其关系实大。愿吾工、商、学界勉之。其前途殊未可限量！惟以后当注意者，非万不得已时，切勿漫然使用此高上之威权则幸矣。至对于外交及国货等问题。务严重表示，严重勉励，而弗夹入丝毫意气，则尤幸之幸矣！

1919年

导读 　本文是一篇地区教育情况考察文章，江苏、山东、北京、天津、河北、山西均在考察之列，详述了各地教育状况的差异与问题。

宁鲁燕晋教育之一瞥

（一）自南京发

余因视察中华书局北部各分局，于九月五日夜车北行，昨早抵南京矣。两日之中，所晤匪一人，所谈匪一端，其最令吾心折者，则江苏第四师范学校校长仇亮卿先生之谈话也。兹摘其要点记述于下。

高等小学办理未尽得宜。升学试验，辄苦及格之人少。本校招考新生，取五十名，应考者在三百以上，然合格者不过二十余人，尚有二十余人，则须勉强觅凑矣。此高小教育之可寒心者也。

世人每以中学卒业生为不适用，不能谋生。不知此父兄之计划未周，教育行政之方针又误也。盖高小卒业升学时，每不度量才力，贸然入中学，中学卒业不能上进。中学校办理，又不得宜。国文程度，既苦不能致用，不得不改图别业。然欲从事工商业，不能与甲种实业出身者竞。欲入邮政、海关、电报等机关，不能与教会学校出身者竞。欲为教员，不能与师范出身者竞。于是遂谓中学为无用矣。益以江苏省立十一中学校，校各二班，并私立者计之，每年卒业生至千余人之多。省立国立之高等大学，不能容其什一之升学。于是中学卒业生，不得不为高等游民，而愈为世所诟病矣！此中学教育之可为寒心者也。

师范教育，余任事已有年，觉完全遵照部章，颇有扞格之处。于是制定分科办法。办理以来，已卒业一次，成绩似较佳。而学生当在一、二年级时，自审性之所近，知所注重，志愿早定，分科之时，亦无甚困难也。

中学、师范之国文，世人每谓其程度不足。实则天资较佳之学生，得教授有方之教员，其作文成绩，决不在旧时生童之下。盖现在学生之长处，在有各科知识以启发之。其短处则在时间太少，教授不合，求文于文，而不求之于古书也。本校预科之国文，每周增至十四时，以立其基础。通本科、预科，一方注重字义之讲授，一方注重古书之讲读。小学读经，固吾人所极端反对。然中学、师范，选读《孟子》《论语》《礼记》《左传》等，固无不可也。近来学生作文，每苦别字之多及文法之讹误。本校特定时间，讲解评改之课卷，将各生误点汇为一表，并不标明何人所误，一一详为讲说，颇能收有则改之，无则加勉之效。新生入学时，每级五十人。每期课卷，别字多至百余，一学期后，不及二十矣。是前者每人约误三字，后者每人仅误半字也。至应用文字，非不注重，但余以为有体方有用，苟文从字顺者，虽不标明应用，而应用自在其中。若不从根本解决，徒孳孳于应用文件，则无源之水，必有穷于应用者矣。故余意教授国文，当从字义及理解力入手，方为根本功夫也。

（二）自济南发

吾于八日到济，十日赴津，匆匆四十八小时，见闻所及，自属少之又少。然即此少之又少之所得，已令人兴无限之感慨也。

吾知读者诸君见我自济南发之通讯，其亟欲知者，日本人在山东究竟如何，及戒严情形究竟如何是也。吾下车入城，首入吾眼帘者，即距津浦车站不远，有一营房，门首大书特书曰："青岛守备军第四大队"。午后出游，见一日兵骑而驰，路人相率让道，迨其过则诅之、詈之。西关内外，日本商肆鳞比，较之从前德人所经营者，不啻什伯。而倭娘三五，擎纸伞，曳木屐，仆仆道途，几令人有置身汉城、仁川之感。吾携两行囊入城。出车站，未受检查。入西关，又未受检查。入城门，又未受检查。吾询来迓之友曰：此间戒严，竟不检查行旅耶？吾客岁赴湘、鄂、赣、皖，今年赴杭，此次过宁，均曾受严厉之检查。彼未戒严者，其严如彼。此间戒严，讵不严如此耶？吾友答曰：此间戒严，系为学生而发，故不扰及行旅。且外人不受检查，无如之何，不如不检查，尚可稍保颜面也，云云。然乎，否乎，旅人不得而知矣。

济南街市，较前益繁盛。新式建筑，不可胜数。询之鲁人，则曰：此非好现象也。一则人民愈穷愈奢，朝不保暮，则且以喜乐，且以永日矣。二则外县土匪横行，民不安居，小康之家，均以省垣为安乐土，谋旦夕之安。沿胶济路线，如潍县、周村之类，又为内忧外患所迫，商业凋敝，不得不迁地为良，遂相率移至济南，故市面骤繁盛也。然一考市面内容，则金融日枯，财政厅寅支卯粮。其发官俸暨学校经费也，有所谓期票者，始则迟一二月，继则迟三四月，今则达半年矣。如向银行兑换现金，须照按月二分以上贴息。市上通融款项，至多以一月为期，利率二、三、四分不等。吾聆其言而细察之，他无所睹，惟三数年前所见之中等社会，群衣大布者，今则绫罗满身，且有着最时式之外国缎者矣，殊不能不承认其愈穷愈奢之言也。

入秋以来，山东疫症盛行而良医殊少。鲁人所恃以已疾者，惟针刺耳。盖霍乱之来，血脉呆滞，针刺放血，即可冀其获痊也。疟疾亦盛行，考其原因，一由于饮料不洁。济南城中，虽以泉水著称，然距泉稍远之处，则以污秽之井水、沟水充饮料。故城内各区，疫与水为比例，疫愈盛者，其水愈污也。一则蝇蚊极多。吾由宁而济，由济而津，相去均不过一日。然在济为蚊所扰，两夕均不克安睡，较之宁津，殆千百倍焉。蝇之传疫，蚊之种疟，医界早有定论，鲁人殊不注意，何也！切开零沽之水果，济垣已实行禁止，人民亦知戒惧。友人以两事见告。有一售水果者，切开一瓜，竟日未售去，不忍抛弃，家人乃分食之。是夜全家患疫，死其六，仅一人病而未死。有一车夫，走热而渴，见售瓜者，贪其廉，购瓜数块食之，食毕前行，未百步，遽倒于地。有人为延针医刺针，数十刺不见血，则已死矣。

山东之教育，在民国三四年间，有一日千里之进步。年来则恹恹无生气。外县无论矣，省垣小学亦几有不能维持现状之势。教育厅尚未成立，最近简袁道冲任厅长，尚未履新。而厅署与经费，亦尚无着也。

山东中学校不如江苏之盛。岁卒业者二三百人，多就京津各专门学校升学，亦有南下入南京河海工程学校者，故尚无高等游民之忧。惟女学不发达，女子师范全省仅一校。女师范生大半系官绅人家，认入师范为女子高等教育，卒业之后，多不肯任事，尤不肯出外任事。外县女高小卒业者，父兄虑财力不能供女生之衣饰，多不令入师范。以此因果，故女教员如凤毛麟角矣。某君告余曰：此间社会视男师范生为穷酸措大，视女师范生为特出之贵族。其言可深长思也。

吾将启行矣，不克多述。顾闻有两事，不得不报告者，谨简单记之如下，确否则吾不知也。

凡农人经过胶济铁路者，日人须征通行税铜元数枚。

日、俄两国人密输入之鸦片、吗啡，岁值一千余万元。

（三）自天津发

吾到津三日矣，在津所感触，与济南迥不相同，抑且与南方大异。盖天津素以学务雄视全国，此次学潮以天津为南北之枢纽。故其焦头烂额亦较他处为甚也。

就现在状况言之，天津之教育仍有雄视全国之概。其原因有三：中小学基础早已确立，一也；高等、专门学校较为发达，二也；因近年政潮关系，天津为名流荟聚之所，三也。今姑略述其一二。

天津中小学之基础，实立于项城督直时代。彼时地方上有严范孙，提学使为傅沅叔，学署总务科为袁观澜。既得风气之先，经费复较为宽裕，故其成绩为各省冠焉。就特出之校言之，中学如南开，小学如模范，均早已规模大具。南开今且改大学矣，学生凡千二百余人，大学生百余。全国私立学校，当以此为巨擘。吾尝谓南开与南洋中学相似，张伯苓与王培孙相似。然最近之进步，南开远过于南洋者，固由于张之力求进步，而有无助力实其主因也。模范小学与上海之万竹相似，长刘笠孙尤与万竹校长李默非相似。就学识经验而论，刘似较胜于李。然校务之发展，经费之节省，万竹反胜于模范者，则以万竹开办于民国元年，无旧习之牵掣，又确为上海县立，不似模范介省立、县立之间，多所掣肘也。

高等、专门学校，吾此次未参观，无从知其情状。然北洋大学，固彰彰在人耳目。此外专门学校，如医、工业等，均仍存在。中学卒业生，无不得升学之痛苦，似较他省确胜一筹。

名流聚于天津，其影响于学生有二。赞助兴学，一也。此次南开改设大学，由严范孙先生约集各名流募集金百万。若在他处，则万不能行也。研究大盛，二也。他处乏研究力，常有从某人或某主义之弊，天津则不然。名流多则无人敢乱出风头，研究盛则无肯盲从也。

国民教育与人才教育孰为急务为近年教育界争论之焦点。范静生先生素主张注重国民教育者也。此次晤谈彼之主张亦侧重人才教育。其言曰："国民教育，现在群知注意。有子弟者，咸知令其就学。行政官厅，大率亦知提倡，无待吾人饶舌矣。惟高等、专门教育太不发达，中学卒业生无地升学。每遇专校招生，应考者辄什莛于定额，常有受试多次，不得录取，遂不得不为游民矣。留学外洋，费重人少，且无从研究本国之事实及物产，未必适合吾国之用。故为人才计，为研究计，均不得不亟谋高等教育之发展。"吾民国三年有《论人才教育、职业教育与国民教育并重》文一首，曾刊登前本志。（见本书——编者注）

新旧之争，又今日学界一大问题也。此次在津晤严范孙先生，论及此点，极为公允。其言曰："目下新旧之争甚烈。吾以为新旧宜各图进行，无论主张如何，学说如何，均不妨听其自然。盖既成一说，既树一帜，其中必含有若干至理，经社会舆论及个人良心审判之后，必能存其合理者，而汰其不合理者。彼时当有一自然折衷之法，以成一新文明。若彼此水火，彼此摧残，不惟恐为人利用，两败俱伤，且将并此区区之研究心得，而俱消失也。"又曰："美术思想，世界愈趋愈进，我国则不然。近来小说名目略带艳绮，或封面绘有美人者，辄遭摧残，实则大可不必。盖小说当视其有无文学上价值，美人画当视其有无美术上价值。苟其有价值也，则虽写浓艳之情，绘裸体之画，亦所不妨。故窃愿出版界从美的方面研究，毋专迎合社会恶心理，亦毋为伪道学派所摇动也。"又曰："沪上某某山房所印之诗文集等书，版本适中，价尚不昂，吾甚喜之。惜非影印，校对又劣，鲁鱼亥豕，不堪卒读，遗误学者，殊非浅鲜耳。"先生年已六旬，久为新旧学界泰斗。所言如此，吾愿新旧学界一加猛省。而吾人营出版业者，尤当三复斯言也。

（四）自北京发

吾本拟十二日赴京，严范孙先生挽留多住一日。慈约又定于十三入都，约同行也。是日到正阳门已午后八时，舍馆东方饭店。行滕甫卸，即赴浣花春川菜馆晚餐。

在津在车在京，均曾与慈约作长谈。余最心折其分科调查谈，不可不为吾教育界、实业界诸君介绍之。实则国中任何事业，均不可不从分科调查入手也。

慈约之言曰："吾从事直隶实业行政有年，欲为地方上有所尽力，辄苦无从下手。思之又重思之，觉分科调查为扼要之图。盖实业二字，包含太广，非详细分科，无从着手。即商业、工业、农业、矿业分作四项，仍属无从着手也。余之分科法，不问其在学理上如何，但就本省出产及需要者详细分科。譬如农业，分米、麦、棉等目，调查其种植地若干，收获量若干，需要量若干，输出入量若干，种法如何。一面调查他省若他国之状况，以供从事该业者之研究，以便行政方面之提倡整顿。此法施行以来，颇见成效。君素研究教育，余以为欲图教育之改良，亦当从兹入手。仅分小学、中学、女学、师范、专门、大学等，无益也，必就各级学校中之科目，详细分别。如小学、中学、师范之修身、国文、外国语、数学等，各为一目，调查其程度、时间、教法、用书、成绩等，以便研究改良，较之空谈主义、方法者，其收效不可同日语也。"

余在京前后住十余日，政治上之事情，非吾侪所得具知，社会上之事情，一时亦莫由深悉。故余仅就余刺激最深，兴味最浓之一二事记之。吾国政治之中心在北京，商业之中心在上海，固尽人皆知矣。至学术思想之中心，海通以来，均在上海。然最近二三年来，似已移至北京矣。余推其原因，殆以曩者内地风气闭塞，稍开通者，群趋于上海。又以印刷出版为上海之特业，稍高之学校，又均在上海。故上海之思潮，迥与他处不同。今则大学、高专，北京为盛。大学又人才荟萃，几有学府之观。蔡先生兼收并蓄，任其发展。益以部院学校之关系，求事、求学者群趋于京华，故其势骤盛也。更就形而上推之，则他处大学无真正之文科，且国文程度较逊，故思想发达不如北京。即有思想，或以文学欠佳，不克发表，或以个人力弱，不能发表，故不得不以首善让北京也。

思想发达，于是出版物大盛。出版物愈盛，思想愈发达。京中定期刊行物，多至八十余种，诚可喜之现象也。

然吾有作悲观之两事。一则风气渐趋于浮靡，愈穷愈奢之原则，又可应用于北京也。一则新旧冲突太甚，新之中复有新，旧之中复有旧，极端之中复有极端，争论之里面，藏有许多陷害倾轧之行为。此不惟影响于思潮，直与国民之人格，国家之元气，予以大打击也。

吾于此将述一笑话。甲乙两君，旧派中之正直者也。一日与某君谈及胡适之，均以为适之必三头六臂，或碧眼黄发者也。某君大笑，为之绍介。晤谈之下，甚觉投机。甲语人曰：胡适之很可亲近，且非无旧学根柢者。余后以告适之，适之亦忍俊不禁。吾于此得一理由，盖新旧之中，除极端中之极端，又当别论外，其余均非绝对冲突者。不过彼此不相识，彼此又不细究对方所说之全体，以一人一语之故，遽起纷扰也。少研究而多武断，欠忠恕而多逆臆，此其所以多事也欤？

（五）自石家庄发

吾将作太原之行，友人告余曰：京汉路沙河桥坏，须步行而过，毋乃太苦乎？吾自诩尚能步行，应之曰：步行过沙河，亦壮举也。七里之程，吾殊不在意也。九月二十二日夜十一时，乘京汉车南下。翌晨五时许，抵新乐县。县南二里，即沙河北岸。沙河原有铁桥，今夏为洪水冲毁，以致铁路中断，火车至此停止，旅客纷纷下车。余唤一脚夫，为负行李，余随之行。至桥头，警察荷枪站岗，令排队鱼贯而进。吾前后各一脚夫，衔接而行，欲速不可，欲缓不能。桥窄处仅二尺余，亦不容不如此也。约经时三刻，抵南岸。有两芦席棚，设桌椅可容数十人，半月前方搭成。头二等客可坐棚内，三等客则露立土方上，并芦席棚之权利，亦不克享。棚内有售茶水者，水穄而未沸，初不敢饮。有售小米粥者，碗筷仅数副，一人食后，不加洗濯，用污布擦之，即供第二人用。视此情形，更不敢食，忍饥渴待之。越二小时，忍无可忍，饮开水少许，味苦涩，勉尽一盅。九时，路警大呼车来，群奔土方上。路不易行，人又拥挤，有倾跌者。至则车未来。烈日当空，热不可耐。尘沙飞舞，口目难开。行李凌乱，穄气触鼻。鹄候一小时，汽笛呜呜，火车真来矣。上者下者，殊无秩序，然至是得少休，已如登仙矣。惟饥肠雷鸣，向饭车索食物，云须过正定方有。再四磋商，得饼干少许，汽水一瓶，饮之食之，其味弥佳，不能不感激万分也。

余与同车者偶谈。余曰：京汉路办理太坏。既知桥毁非一时所能修复，则费数千金，略为设备，专派职员竭诚招待，旅客受惠多矣。客曰：子毋然。一月之前，余经行此处，并芦席棚而无之。适风雨交作，见女客二人，似姑嫂也者，立露天中。嫂著裙，尚不甚狼狈。姑著纱衫裤，淋湿贴身，羞窘不可言状，号啕大哭。同行之男客，似为女也兄者，取毯笼罩之。女即拥毯立雨中又两小时。及登车，则首如飞蓬，面色泛白，不似生人矣。此外行李湿坏，更不可以数计。呜呼！此主权在我之铁路也。

日将午，抵石家庄。不及乘正太车（正太车早八时开，沙河桥未坏时，京汉南下车六时许到，可即过车也）。住祥隆饭店，甚清洁。午后赴中华书局分局。此处系代办性质，与德茂恒同为王君佩实所经营。石家庄学校极少，然附近各县均来此购物，故营业尚不恶。

石家庄之现象颇奇，在铁路未通以前，不过一村落而已，今则为直隶南部之大镇，山西出入之咽喉。居民甚少，商业甚盛。大街地基，有租无卖。稍僻街市，每亩售价二三千金。人口一万余，妇女不过千余，其中强半为妓娼及妓寮女佣。综计之，约男丁十五人左右，有妇女一，男丁三十人左右，有娼妓一。从可见携眷者少，冶游者众也。

水利不修，为石家庄之一大患。前年洪水发时，商店民居，什之八九，均被冲毁。中华书局暨德茂恒适于前一年建筑新屋，地势高而建筑坚固，毫未受损。佩实言及，殊得意也。

（六）自太原发

年来闻人称道晋省治绩者，不一而足。过京津时，严范孙、范静生、张伯苓、袁观澜、蒋竹庄诸先生，更赞美不置，慈约且为介绍于赵旅长次陇。到晋，承派崔副官伯英，导往各处参观。惜不克一一详记，仅就见闻所及，感触较深者略述之。

山西之政治，贤人政治也，开明专制也。其根本则出于孔孟及宋明诸儒之学说也。阎百川虽为军人，然肯研究、肯做，又不要钱。赵次陇于文学、宋明理学均有心得，出其所学，尽心力而辅相阎公。晋人富服从心，能守秩序。故仅两年而治绩冠全国，为模范省焉。

山西政治之成绩，第一在提倡国民之修养，第二在民政之励精图治，第三在注重教育，第四在讲求生计。虽因财力、智力之关系，有不克尽举或举之而不得其道者，然大体已具矣。有王者起，必来取法。吾为山西诵之。

提倡国民之修养有三：以身作则，一也；从事静坐自省，二也；标出扼要之语，使人人知所注意，三也。赵次陇告吾，谓西人星期日休假，赴教堂礼拜，以收六日之放心；我则星期日专事游玩，益以放其心。故山西近来提倡星期日自省，无论政界、军界、学界，均厉行之。现建大礼堂，可容数千人，尚未竣工也。督军兼省长阎所出之民德示谕，颇有可观，兹录于下。

立身要言六则

（一）公道为社会精神，国家元气。故主张公道，为国民之天职。

（二）桀骜不驯，为野蛮人之特性。

（三）真血性男子，脑筋中有国家二字。

（四）欲自立，先自不倚赖人起。

（五）欲自由，先从不碍人自由起。

（六）能忠于职务者，才是真正爱国。

民德四要

（一）信。

（二）实。

（三）进取。

（四）爱群。

山西之民政，最注意者六事：曰水利，曰蚕桑，曰种树，曰禁烟，曰天足，曰剪发。就其成绩而言，此两年中，水利方面，开渠约三百道，凿新法之井四千，筑蓄水池十余，恃以灌溉之田达百万亩之多。蚕桑方面，新种桑秧五千万株，向浙省购桑秧，延技师，以图改良。省垣所设女子蚕桑传习所，吾曾去参观，分速成、高等二组，学生将及二百人，注重实习。缫出之丝，颇有可观。湖州技师某君监织实地纱，较之苏浙所产，无甚逊色也。种树方面，已种一千余万株。就全省人口计之，每人有树一株矣。禁烟奉行严厉，种已绝迹，吸辄重惩，近并含有烟质之丸药亦严禁矣。剪发、天足收效尤宏。垂辫者绝无所见，少年女子无不天足。老年妇女亦逐渐放足。天足会进行极猛，常派女学生、女稽查逐户调查干涉云。

民政之收效宏而且速。前途甚有希望者，则训练之功也。无论知事掾属、区阃村长，均有讲习所，授以必需之知识，告以中外之大势，道德之修养。惩戒奖励，又复认真。故贪墨怠惰者知所戒，而勤慎有为者知所奋也。

阎公之根本计划则在教育，故提倡进行，不遗余力。山西岁入不过千万，教育费竟达二百万，今年临时费又百余万。增加教育费议案，提出于省议会，阎公亲临演说，恳挚迫切。殆与威廉第二要求议院通过海军扩张案仿佛，而注重可知矣。上年八月，召集整顿教育讨论会，议决之"山西教育逐年进行计划案"为有系统具体的计划。一年以来，依次进行，颇著成效。山西办学之成绩，虽未必尽佳，然在行政方面之计划，之精神，之认真，在各省中固有一无二也。

余参观所及，有数种感想，进步，一也。元年余到晋参观女师范，其程度之幼稚，非吾人想像所能及。今则教授管理，斐然可观。太原中华分局经理张君文甫有一女，年十七，在师范三年级。余曾阅其作文稿本，事理明白，文笔条畅。如就江浙学校比之，恐男师范之中等生，亦不过如此也。余参观时，见江苏吕女士教授唱歌，教态教法，既有可取，且能注重文学趣味，盖新知旧学，俱有根柢者也。本省某女士授国民二年级图画，教态教法极佳，且能联络各科，养成常识，在小学教师中，不可谓非上驷之选。女学进步如此，其他可想见矣。

山西教育界有最特殊之两事：一为国民师范学校，一为留日、留法预备学校暨贷费留学。国民师范学校今年招学生一千二百人，明年拟添招一千二百人，拟令该校常有学生二千以上，以备小学教员之需。全校布置，与军队略同。又以军法部勒之，整齐、严肃、服从、清洁之特色，不能不令人叹服。各省派遣留学生，无不苦费巨额少，不克持久。山西办法，则先令入预备学校，习该国语文暨科学；继贷以费，令其赴该国留学。卒业回国，令分年偿还以前所用之费。此种办法，既可免时日之旷废，一人偿还，即可续派一人，日增月盛，人才有不众出者哉。

社会教育亦有可观。讲演无论矣，最有兴趣者，为提倡识字及广布格言。全省电杆墙角，无不有处世格言。重要街衢，军队学校，无不植立识字大牌，分最要、次要等，计千六百字。各商店门前悬识字牌，每家三字，即负为人民讲解此三字之义务。

山西民政，颇能实心注重于生计。凡有可以富民者，无不尽心为之。造林、种棉、改良农业，均次第进行矣。其尤有希望者，厥为畜牧。晋地多山，草长宜牧，尤宜牧羊。最近从澳洲购来羊种千余头，使与土羊交配，改良羊种。农林学校试验成绩甚佳，将推行于各县焉。余参观农林学校时，羊适放出，与崔副官暨该校职员追踪于校后高林中，甚有趣也。

山西之军队教育殊有可观。余曾观第十团，由团长蔡君导引，周行全部，各军士无不读书工作者。盖其用意在授以国民常识、军事训练，俾应征可当干城之选，退伍能为人民之良者也。又令练习农事及工作，以为他日生计之助。此种军队，无论如何，不致养兵害民，不致变为土匪，可断言也。

吾言长矣，吾意未尽也。吾明早将启行，就此搁笔休息矣。

1919年

导读 陆费逵认为：孝道是中华固有的伦理特色，应予以保存，但应随时变迁。

孝道正义

孝为吾国伦理之本原，然论者以为害国家者之罪魁。留美某君有《论吾国教孝之流毒》一篇，几视父母皆蛇蝎虎狼，一若共和国民，必反孝为仇而后可。实则某君以刺激过甚，于是摘取吾国世俗之谬说，视为吾国之天经地义而痛下针砭，其含至理精义之学说，则存而不论也。吾以为孝道在我国当绝对保存，不过条件上有所商榷耳。吾国教孝条件之最著者，莫过孔子、曾子、孟子所说。兹录数节如下。

孔子曰：今之孝者，是谓能养。至于犬马，皆能有养。不敬，何以别乎？

孔子曰：小人能养其亲。君子不敬，何以辨之？

孟子曰：事孰为大，事亲为大。守孰为大，守身为大。不失其身，而能事其亲者，吾闻之矣。失其身而能事其亲者，吾未之闻也。孰不为事，事亲，事之本也。孰不为守，守身，守之本也。

孟子曰：世俗所谓不孝者五，惰其四肢，不顾父母之养，一不孝也；博弈好饮酒；不顾父母之养，二不孝也；好货财，私妻子，不顾父母之养，三不孝也；从耳目之欲，以为父母戮，四不孝也；好勇斗狠，以危父母，五不孝也。

孟子曰：父母俱存，兄弟无故，一乐也。仰不愧于天，俯不怍于人，二乐也。得天下英才而教育之，三乐也。

曾子曰：孝子之养老也，乐其心，不违其志，乐其耳目，安其寝所，以其饮食终养之，孝子之身终。终身也者，非终父母之身，终其身也。是故父母之所爱，亦爱之，父母之所敬，亦敬之。至于犬马尽然，而况于人乎。

曾子曰：孝有三。大孝尊亲，其次不辱，其下能养。

曾子曰：身，父母之遗体也。行父母之遗体，敢不敬乎。居处不庄，非孝也。事君不忠，非孝也。莅官不敬，非孝也。朋友不信，非孝也。战阵无勇，非孝也。五者不遂，灾及其亲，敢不敬乎。

以上所列论孝之说，其圆满实无待言。孝为百行之本，非虚语也。彼引以为病者，辄以"父要子死不可不死"为言，此吾所谓谬说也。不然，孔子责曾子受父杖，而有"小杖则受，大杖则走"之语。是孔子并未许父之杀子，亦不许子之受杀也。论者又以"割股疗亲，居丧毁身"为言，不知此更谬说也。《礼》曰："居丧之礼，毁瘠不形，视听不衰。"又曰："五十不致毁，六十不毁，七十衰麻在身，饮酒食肉处于内。"遍稽古昔圣贤，何曾有"割股疗亲"之言语与事实，亦何曾有"居丧毁身"之言语与事实哉！论者又以"九世同居"为诟病，不知此乃叔世励俗之举。古者父子异宫，别籍异财。而三代贵族子姓，且别为一氏。何尝有数世同居者哉！论者又以"丧葬之奢侈"及"蔽于风水"为病，不知此尤后代之陋俗。孔子曰："丧与其易也，宁戚。"风水则更不知始于何时矣。

吾以为孝道，为吾国伦理特色，必当保存。惟谬说陋俗必屏弃之。其保存之条件如下。

甲、尽力供养父母。无力者，菽水承欢亦孝也。

乙、恭敬父母。

丙、父母有过，则和婉谏之，使归于正。

丁、努力为人。居处庄敬，治事忠勤，爱国信友。为官吏，则勤慎廉。任军役，则有勇知方。

戊、友于兄弟，和乐妻子，厚亲睦邻，恤老怜贫。

己、戒种种不正之行为。

庚、丧葬视家之有无，虽桐棺三寸，不封不树，亦孝也。丧服三年，照常治事。

辛、岁时致祭追念。

总之，礼本于人情，不过仪节当随时变迁而已。其根本固与人类相终始也。

1919年

导读 　　子之事亲，天职也。男子志在四方，亦天职也。事亲而不出游，则如四方之志何？亲在而远游，则如孝养之道何？父母在不远游者，正提倡出游也，特以亲在而不可太远耳！盖谓远游亦无不可，惟必令父母知其所适之方向耳。

"父母在，不远游，游必有方"解

《论语》："父母在，不远游，游必有方。"近人颇引以为病，谓阻青年之壮志，消磨多少探险家也。吾意不然。细玩此三句语气，详察古代情事，当如下之解释。

子之事亲，天职也。男子志在四方，亦天职也。事亲而不出游，则如四方之志何？亲在而远游，则如孝养之道何？父母在不远游者，正提倡出游也，特以亲在而不可太远耳！然男子志在四方，士之游学，仕之朝聘，万无废止之理，则有不能不远者矣。于是孔子示之曰："游必有方。"盖谓远游亦无不可，惟必令父母知其所适之方向耳。由此观之，孔子之意，非侧重在不游，正侧重奖励出游，而为谋两全之方也。古代交通不便，千里而来，已为不远。今世舟车四达，缩地之术，殆什伯于古代。古之千里，殆如今之万里十万里矣。然古代非无千里以外之程，今世却无十万里以上之路。然则居今之世，无论何之，均无不可，特不可不令父母知其所向，而终日悬悬耳。

如此解释，真所谓合乎天理，准乎人情者也。何从阻青年之壮志，消磨多少探险家乎？兹更就孔子周游列国，以为证明。孔子弟子除子路等少数外，均少孔子二十岁至三十余岁。当孔子周游列国之时，孔子方五十六岁。颜、闵诸子，正在青年，而有父母者也。孔子如果以父母在不得远游为宗旨，则颜、闵诸子承圣人之道统者，不先违圣人之道乎？孔子又何不恕之甚，而令人亲子远离哉！吾故曰：孔子此言，是奖励出游而谋两全之方，非阻人之亲在远游也。

1919年

┃导读┃　　在陆费逵看来，教育主义，即使人人尽其性做一个人而已。所谓人人包括男女老少等一切之人；所谓尽其性则是指全人类、国家、家庭个人之综合特性；所谓做一个，则是教育的目的与效能。

教育主义

一、吾辈教育家之罪过

吾著此文之先，吾有一言敬告读者，曰：吾国新教育萌芽以来，二十余年矣。此二十余年中，不过糊糊涂涂，以办学为一种维新之标志，无所谓主义，无所谓程序也。教育行政长官之贤者，与夫自命为研究家者，亦不过看看他人的样子，做两篇文字，办两件枝叶的事，无所谓主义，无所谓程序也。吾国社会，对于教育，父兄令子弟就学，学子自己勤学，上焉者不过见他人之强盛，欲习一学一艺，以强盛吾国；下焉者不过为一身之功名利达，谋生养家而已，无所谓主义，无所谓程序也。惟其如是，故兴学二十余年，仍无所益于国家社会。不惟无益，其所以为国家社会之蠹者，反加甚焉。吾人一念及此，辄头汗涔涔。自悔十余年来之所为，非枝节皮毛之是务，即附会盲从之行为。呜呼！吾辈自命为教育家者，其罪过可胜言哉！

二、教育主义

教育主义者何？施教育者定一目的，而令被教育者之人格合于此主义也。近世流行之教育主义，有军国民主义焉，有实利主义焉，有国家主义焉，有社会主义焉，有忠君主义焉，有民本主义焉，有其他之种种主义焉。视其名已不能无疑，考其实，则皆戕贼杞柳以为桮棬者也。然则教育主义当如何？曰：亦惟使人人尽其性做一个人而已。夫曰人人，则全国之人无不包括，男性、女性无不包括，健全、残废无不包括，智、愚、贤、不肖无不包括，普及之义具矣。曰尽其性，则有人类公同之性焉，有国民独具之性焉，有一家独具之性焉，有一人独具之性焉，胥人性而尽之。以遂其生，以安其业，以昌其家，以兴其国，教育之能事具矣。曰做一个人，则教育之目的与效能也。夫天地之生人为贵。人之所以贵者，岂以其能生活、能饮食男女而已哉？以其灵也，以其有理性也，以其能群也，以其能建设也。失其灵，失其理性，不能群，不能建设，则人而非人矣。世俗詈人曰"不是人"，无不引为大辱。呜呼！何今世不是人者之多而不悟也。此无他，教育者未尝教育所以为人之道，徒教育其杀人，教育其攘利，教育其利己之国家社会，而损人之国家社会，教育其为奴隶，教育其为暴民，教育其种种戕贼己性以求存于浊世。由今之道，无变今之俗，吾恐教育之兴，不过相率而为禽兽而已。朱子《大学章句序》曰："是以当世之人，无不学。其学也者，无不有以知其性分之所固有，职分之所当为，而各俯焉以尽其力。"此诚教育之极则。教育主义至此，尚可言哉！

三、教育主义如何实行乎

吾所说之教育主义，吾国果欲实行，当定一标的，审查而实施之。就管见所及，当分为四端：第一，保存其固有之优点；第二，改良其固有之劣点；第三，采取他人之优点；第四，融洽人己之优点，而成一新优点。此四者详说之，累千万言不能尽，抑非末学如余所能任也。今姑就管见所及，略述一二，以为当世教育家研究之途径。

余对于此四者之意见，大纲如下。

第一，我国固有之优点，在重心性而轻物质。以伦理的精神、伦理的组织为之基础，实有无上之精义，亘万古而不灭者也。

第二，我国固有之劣点，在无研究辨别，而任谬说之流传，陋俗之披靡。其中所含杀人、灭种、死心、绝性之原子至多，不仅为政治、经济、教育、风俗之害已也。

第三，他人之优点，政治、经济、教育、实业，胥末也；国富、兵强、器利，尤末之末也；其所优者，厥为科学及社会。科学的研究，社会的德性，吾人固望尘莫及，而科学、社会之精神，吾人更未梦见也。

第四，我之新优点，当以东方伦理的精神，立身治家，而祛陋俗，辟谬说；以西方科学的精神，治学问事业，而除偏见，减物欲；更进而立社会之基础。

程序既定，当就其条件详加审查。孰为优点，孰为劣点，孰当保存，孰当增进，孰当改良，孰当祛除，须详察国情，慎重定之，切不可稍存偏见。其审查之标准如下。

一、吾国固有之优点，与虽非真优而为国情所不能去者，则保存之。

二、吾国固有之优点，在今日已晦者，则发挥光大之。

三、吾国固有之劣点，与虽非最劣而为今日世界所不能容者，则祛除之。

四、他人较优于我之点，与我固有而尚有欠缺之点，则采择改良之。

五、无甚关系，可去可留之点，则听其自然，任其推移。

1919年

┃导读┃ 陆费逵研究欧美女性，其目的在于为中国女性的问题提供一种参考，而非为研究欧美女性而研究，这正是陆费逵一贯的原则。

欧美之女性研究

近一二年，妇女问题之论著，风起泉涌矣。然除一小部分学者之议论，大率不能为学理的研究。古代重男轻女，各国皆然。今则因生存竞争之激烈，妇女问题逐与劳动问题对峙，为二十世纪世界最大之两问题。我国对于此种问题，素鲜研究，不得不求之欧美。今摘译各名家学说之概略如下。

叶理斯氏著《男女》一书，其大意如下。

男子与女子较，则男子身体大，皮肤粗，骨露而有力，筋肉紧密。以女子与男子较，则女子身体小而纤弱，骨隐而不显，筋肉柔厚。男子肩肺大而腹臀小，故善运动。女子胸肺小而腹臀大，故适于稳静之事。男子身体精神，皆为改进的，故变化易。女子反是，为保守的，故变化缓。女较男早熟，早老。女常带小儿性质，其终身似小儿之点亦较男子为多。脑之重量，女轻于男。感觉性男子较强，感动性则女子较强。女子血液中之赤血球多于男子，血液比重亦重于男子。尿之排泄多于男子，尿素亦多于男子。酒精之毒，男子中脑，女子中脊髓。女之生活为曲线的，波动的，月经时为波动最高之地位。痴呆残废之疾，男多于女。抵抗疾病，女强于男。生死之数，均男多于女。长寿之人，则女多于男。老年之特色，女子方面不甚显著，自进化论观之，女子似小儿之点多，故优于男子也。

穆勒约翰氏著《女子服从论》，其大意如下。

女子之所以较劣于男子者，以其筋力较弱也。苟仅以斯点而断言女劣于男，则不免囿于弱肉强食之说，而以奴隶视女子矣。今女子之所以尚未能脱离于男子之奴隶教育者，系由人为，而非自然之现象也。顾关于女子之一切智识，皆由男子推测而得，女子心理之研究，未尝达于完全之境界故也。夫男女精神上之差别，皆由于教育及境遇之不同，根本上实无相异处。女子多神经质，故易变而好动，但劣于运动，于是身体之发达不能充分。其能多运动而身体发达者，未必尽有过度之感应性也。或以为哲学、美术、科学诸大家中无女子，遂执以为女子劣于男子之证，是不可也。夫女子之教育，提倡之日尚浅，其结果如何尚难预揣。故对于女子，宜善施以教育，授以与男子相等之权利，而于家庭、社会、实业、政治等，均须使之参与焉。纵以"夫勤于外，妇治于家"为原则，而亦断不能使之不具备独身自动之能力也。家庭之中，子女之待遇一不平等，则易于失和，故两性之结婚，宜择教育程度相等者也。

叔本华氏著《妇人论》中，所论女性，适与穆勒氏之说相反。兹更介绍于下。

仅就女子之外形而观，其不适当于作为大事者已极明了。女子生活，非以行为而达其任务，乃以苦痛勉强从事者，如生产之痛苦，儿女之抚育是也。然女子之悲喜，其表现而出者，决不若男子之强有力，往往表现于稳静柔弱之间，而视若无意义者。至女子之所以适于抚育儿童者，以其识见幼稚，与儿童相似之故。女子之姣好，为时极促，生育至二儿以上，则其颜色必衰。其恋爱亦然，发达既早，而终了亦速。男子能生利，而女子不能，不惟不能，抑且喜消费其金钱。盖女子之目光短浅而偏于感情。虽富于同情之念，而辄不能公平无私，所恃为武器者，无气力之权谋术数而已。夫女子之有装饰，犹狮之有爪，牛之有角，象之有牙，乌贼之有墨也。女子尤喜吐虚言，饰外观，搬是非，背恩义。故所谓女子之道德者，无意识之道德也。男子交游，平心静气而无嫉妒。女子则不然，似有生以来即为仇敌。更细察妇女间之举动，恒多诡秘，其表面之酬应，虚饰诈伪而已。身分较高之女子，对于身分较卑者，则恒表现其傲慢无礼之态度。其唯一目的，则在于取悦于男子；苟得男子之欢心，则似已满足其欲望。顾女子之间，其互相竞争极为猛烈。女子于音乐、诗歌、雕刻等无了解能力，以其缺乏天才也。欧洲有尊女之风，以法兰西为最盛，是极无聊赖者也。夫一夫一妇之原则，系有男女同等之观念，而真理上则以一夫多妻为是。盖行一夫多妻之制，则所剩余之女子，均可得夫之保护，不致更有伤风败俗之事矣。

哈德门氏之说如下。

男子为加动者，而女子为被动者。女子之最重要者，厥惟生殖机能。故于体力上过于劳动、精神上过于细密之事，不宜使女子为之。而男女之教育，乃不得不因之而异。女子须就养于男子，以其道德恒不能成熟，即不能自立自治也。其所依赖者，风俗宗教，故多迷信而乏正义之观念。莱许氏曾言女子受高等教育之有害，以尽心研究科学有所不逮也。神经学专家梅毕斯氏《论女子生理的鲁钝》书中，曾有驳穆勒之说，以为女子有不服从于男子之倾向，故有今日之风俗；非风俗与教育之不良，致造成今日之女子云。更有驳叶理斯氏之说，谓女子受自然之虐待，故精神上之天禀，其盛时极为短促，女子一经产儿即成老妇。盖女子一经生产，其前头叶与颞颥叶回转之发达，渐示不良，此明证也。女子全属于保守的，故苟世无男子，则必仍如原始时代而毫无进步矣。女子无著名之人，无有贡献于科学者，盖因其智力与生殖力适相反比焉。

怀宁格尔氏著《性及性格》一书，所论女性之大意如下。

生物界无纯粹之男女，仅于无数性之中间级，有男女之称而已。以科学的研究而观察之，无所谓男，亦无所谓女；仅有男子的女子，女子的男子而已。故甲之个人与乙之个人，不能直呼之为男或呼之为女，必分析其两性之多寡而定之。例如有男子而具女性之骨盘，女性之胸膛，须髯稀少，身段肥大，且有过长之头发者；或有女子而腰部狭隘，胸部平扁，颈部肉瘤及大腿脂床均较常低小，声音宏大，须髯蓬然者；皆男女两性混在一人者也。要之男性多者，即为男子；女性多者，即为女子。至两性之结合，于男性与女性完全表现时为最强。凡生物中有最强最健之子孙者，其性的牵引力有最强盛之结合也。至性欲之要素，在男子则为授精本能，女子则为接触本能，其间无强弱之别，不过男子性欲上为攻击者，而女于性欲上为被攻击者而已。惟女较男易于兴奋其性欲，以其生理的激刺性在性欲范围内，固极强大而永久也。女子之性的生活，几仅限于性交及生殖范围之中。当性之成熟时，必生最大之热望及焦虑；而其性欲又毫不间断，弥漫其全身。故女子除性欲之外，几无所有。换言之，男子能有性欲，而女子乃为性欲所有者也。其绝对之女性，无"自我"之观念；故无判断，无意识，无记忆；有之，亦由男子之判断意识记忆而来。女性无所谓道德，以其无善亦无恶也。女性之同情，发生于肉体之接触，或以手抚，或以口吮，与禽兽无以异也。且最善感夫肉体之美，必互相比较，不惮严密之检查；其对于自己肉体之美，自负心极强，纵自认其姿色之不如人，而断不思自己之丑陋。盖于自己之肉体美有美快之感也。顾女子恒以手自触其肉体，以镜自窥其容貌，无非欲求男子之称赏，当其性的兴奋之对象，即情欲是已。由此观之，可知女性之自负心，缺乏自己特有之价值，而全恃其情人或良人之客观也。是以女子无灵魂，以男子之灵魂为灵魂者也；无道德，以男子之道德为批判者也；无性格，以男子之性格强弱为断者也；无意思，以男子之意思而被其感动者也。

洛采氏著《小宇宙》书中，其第六卷论及女性，摘其大意如下。

女子之身体相似，以其个体之变化较少也，至其精神上之相似亦然。女子身体之构造，胸肩狭小而股大，故就坐安定而运动迟缓。男子则反是，胸肩发达而腰股小，故不安于坐而运动亦敏捷。但女子体力虽较弱于男子，苟其境遇变迁，亦未始不能适应耳。女子身体上能忍受不自由，不满足，而男子不能。如戏院中男子恒有以炭酸过多而卒倒者，女子则绝无而仅有。女子更能忍受失血之营养，故以全体人口统计之，上寿之人，女多于男。女子于感觉上之满足最易，而男子则不易厌饱。至以智力而论，男女实无差别，男子所能理解者，女子亦无不能。惟女子不若男子之有分析力，往往于事物之观察为直觉者耳。

男子之意志，遇事希望概括，而女子则希望终了。女子富于爱情，而待人接物较为亲切，故有柔和男子之能力。至办事之际，男子则时间短而早毕，女子则言语多而不惮三反四复也。

阜林氏为巴塞尔大学妇人科教授，其著《女子之本领》书中，述及男女生理上心理上之区别甚详。兹摘其大意如下。

犯罪行为，女少于男，约为男子五分之一。自杀亦然，男子之自杀者，较女子多至七倍。男子之疾病，以在壮年所罹者易致死亡，如肾脏病，呼吸病，血行器病或剧烈之传染病等是也。女子则不然，其最易牺牲其生命者，莫若生产。而女子又多神经衰弱症、忧郁症、舞蹈病、癫痫等疾病。至于色欲，则青年女子较男子为弱，因其为被动者也。

伦根氏为格金根大学妇人科教授，所著《女性之特色》书中，所论与阜林氏相似，而其论色欲也较详。兹更撮其大意焉。

女子之身体机能常为曲线的，故每有不快之感。其于任务，则非补助不可，如妊娠、生产、哺乳等，莫不皆然。文化愈高，则女子愈弱，而益感有求助于人之必要。盖女子之生活，以男子为始，而仍以男子为终也。女子之生存，苟不得男子为助，则不能正当。女子之所以为女子者，男子使之然也。女子之内容，男子是已。女子之身体精神愈发达，则愈见其不能离男子之身。如尼采之言，女子之为物，直如哑谜，其唯一之事，即为解谜。如妊娠谜也；男之就女，其目的在于育儿女，亦谜也。故女子而竟生育儿女，则视其夫也，不若其视儿女之重要矣。要之，女子之结婚乃其幸福，故女子必须结婚也。

希乌耶斯基氏为俄国陜夫大学医学部物理学教授，所著《区别男女标本之特征》中，论男女之特色颇有兴趣，取其大意如下。

女子非历史的及文化的事情上偶然之生产物，而为生物学上最重要之目的物也。盖男性发生在女性后，为女性所分出。动物之中，非牝者能蓄潜势力以维持、继续其种族，故牝者可称潜势的个体。下等动物中，有仅为雌性而具传种之力。最初原始时代之生物，唯雌者存在而已。例如某种下等动物及隐化植物类，仅有雌而无雄。有一雌体即能绵延而继续其子孙，亦皆为女性而非男性也。当此时代，仅有女性的个体而已。第二之生殖，于某时代为完全女性。更历数代，则男性出而替代之。数代之后，复归于女性。最后则无论雌雄所生者，皆为女性矣。然此女性之个体，有时或能生男性者，但此男性个体之全势力，于一代之中即消减净尽。女性则反是，剩余之部分，其绝灭也渐。斯时仅存者为女性，其子孙亦大都相似也。反之，男性的个体，其细胞为高等之种，能发达其独立之有机体。是以男性显露之后，生物渐形复杂，而促进有机体之进步矣。人类之生理亦然，男子之筋肉系统较为发达，而女子则藏蓄于内。脑髓之绝对重量，男重于女，与体重比较之重量，则女重于男矣。故除运动之外，凡记忆、感情、欲望等，女子则绝对的强于男子。女子之形成腺较为发达，故疾病、刃伤等痊愈亦速。自历史上言之，昔日重男性的道德。希腊之美术，亦带有男性之性质，其有名之女性，亦皆为男性的女子也。时至近世，始有基督教等尊重女性的道德焉。要之，男子由女子而生，女子为干，而男子为枝也。男子每偏于一方，故天才既多而愚鲁亦众。发见发明之都属于男子者，职是故耳。至女子，则处乎中庸之道，天才固少，而愚鲁者亦鲜也。

奥特氏为美国有名之古生物学家及社会学家，所著《纯正社会学》中，主张女性中心说，其大要如下。

生物界种族之保存，最初以女性为绝对的必要。所谓男性者，则以生物进化之故附属而发达者也。女性能生产，故凡生产之物，莫不可视之为女性。试自原始的生物，通观一切生物界之生殖状况，则知生物之生命始于女性也。夫渐进于高等动物之时期间，仅有女性有机体为之生殖，最初男性未尝存在也。即以现今全世界之生物而计之，其有男性之生物，实较仅有女性者之数为少。女性之于生物，为始终一贯之根干，男性殆其枝叶耳。不观夫下等动物乎？雄者仅以授精而生，一旦授精之任务既毕则立毙矣。况就昆虫而观，雌之身体往往较雄者为大；即雌而不及雄之大，其性亦猛于雄。由此推论，则所谓女性中心说，良非诬也。至高等动物人类之男性，所以优于女性者，以雌雄淘汰之结果也。人类之原始时代，亦何尝不以女性为中心哉？自家长制度成立后，始承认男性有优越之权，嗣后曾有视女性极卑微之时。而最近两世纪以来，女权扩张之运动已陡起，是又足证女性中心说之非诬矣。

1920年

导读　这些条件的提出早在近百年以前，放置今天，依然很具有参考的价值。

工商界做人的条件

甲、基本条件

1. 有恒心

2. 有责任心

3. 忠实

4. 正直

5. 仪容整洁

6. 有礼貌

7. 勤

8. 俭

9. 互助

10. 卫生

乙、本业条件

1. 自己职务胜任

2. 明了一切事情

丙、特别条件

1. 创造力

2. 计划

3. 判断力

4. 思想力

5. 能指挥人

近来常有人问我道："吾人持己、处世、任事，应该有些什么条件?"我所答复的常不免遗漏。现在细细地想一想，照上面所写的开出来。大约在实业界的人，能有基本条件的，都可以站得住；肯练习肯留心的，本业条件也不甚难；至于特别条件，必须有天才、有学识，不是人人都能的。但是非有一二种特别条件，决不能担当重大的事呀！

1922年

导读 "总而言之：德是自利的、利他的。自害的不是德，害他的也不是德。表面上自利，实际上却自害（像贪利舞弊等）；表面上利他，实际上却害他（像以山珍海味给小孩吃），都不是德。我们怎么样进德？只要遇事研究，研究是否自利利他。"

德是自利利他的

德字怎么样解释？古今中外的人，对于这个问题，答案很多，我也不必详细引证。我对于这个问题的答案是："德是自利利他的。"德何以是自利利他呢？自利又何能利他，利他又何能自利呢？待我举几个例，说说明白。

譬如勤：做事能勤，方能成功，这明明是自利。然而一个人能勤，别人可以受他的益；倘若一个人不勤，别人就要受他的累。我们想想看，比方我们几个人在一处办事，有一个人怠惰，结果不是误事，就是要别人偏劳。在不勤的人，有职业不保的不利；在别人有受累偏劳的不利。岂不是勤就自利利他，不勤就自他都不利吗？

譬如俭：俭是自己少用钱，不靡费，这更明明是自利了。然而自己少用钱，就可以不向别人借钱，有时还可以借钱救人的急，这不是利他吗？不靡费可以替世界上省了许多吃用的东西，可以免了竞争场面勉强靡费的恶习，这不是利他吗？况且节俭必能储蓄，积少可以成多，各种大事业的资本都在这里面；有了大事业，许多人都可以有职业，这不更是利他吗？

至于义务事业，表面上完全利他；然而我能尽义务不享权利，一定增加自己的信用名誉，这不是自利吗？况且你肯尽义务替社会做事，社会受益，间接个人也受益。比方驱蝇防疫等事，人己都有利益，断没有大家患传染病，你一个人能永免的。这不是自利吗？

慈善事业，表面上更是利他，然而我心稍慰，就是利己。我万一穷困残废，慈善事业可以救我，不啻一种保险，那更是利己。

此外如正直、信实，一方增自己的信用，一方免事业的败坏；谦虚、和气，一方免别人生气，一方免自己受辱，不都是自利利他吗？

总而言之：德是自利的、利他的。自害的不是德，害他的也不是德。表面上自利，实际上却自害（像贪利舞弊等）；表面上利他，实际上却害他（像以山珍海味给小孩吃），都不是德。我们怎么样进德？只要遇事研究，研究是否自利利他。

1922年

导读 陆费逵先生是中华书局的创办人，在他的主持下，《中华大字典》《辞海》《四部备要》《古今图书集成》相继出版，他对中国近代书业的理解全面而且深刻。在此文最后，提到普通学生所缺六点，也是今日学生之写照。

我国书业之大概

我国出版事业发达最早。木版印刷，据说始于冯道；然决非冯道一人创始，大约隋、唐间已有之矣。至宋益形进步，刻本既多，字体亦佳，今所谓宋版者是也。明代刻书亦盛，今世所谓版权者，实始于明代。盖刻一善本，不许他人翻刻，故书上常有"翻刻必究"字样。其与著作权不同者，则吾国素守述而不作之训，又未知精神可为权利，故只认物质权利之版权；而不认精神权利之著作权也。

印刷术由中国传至欧洲，虽无确证可据，但我国为世界印刷业之先进，则为世界所公认而可断言者也。然我国无论何事，发明虽早，进步甚迟，印刷术亦然。我国沿用木版，多至千余年而无改革，反不若欧美等后起者进步之速。至欧美新印刷术输入我国，在咸、同年间，先有教会设立之印书馆及石印局。当时石印极发达，夷考其故，则以石印字小，便于考场携带也。二十年前，出版业渐形发达，彼时日本人在沪经营者颇有势力，其后渐衰。盖一国之"文字""习惯"及"国民性"，均非外人所能了彻；故出版业亦非彼等所能经营也。我国大规模之出版、印刷事业，殆只有商务、中华两家，且均以学校教科书为主，稍高深之书，殊不易销，良著亦不多见，实可谓仍在幼稚时代。十余年前，余曾以当时之日本为例，推算我国书业，每年应有三万万之营业。然此犹昔日情形，今若以现在之日本为比例，则应加一倍以上，若以美国为例，营业数目之大，更令人惊骇莫名矣。美国有一种《家庭杂志》，常销三四百万份，全年营业约达二千万元。我国最发达之报，日常销数不过数万份；即出版业所有之营业亦不满二千万元。除商务印书馆与中华书局外，其营业较大者，厥为印旧小说及医卜星相书之书肆。以《三国演义》一书论，每年销数达三四十万部。查此类书籍多销之故，当因人民智识太浅，舍此等小说书外，他书不能阅耳。此刻欲补救此弊，厥有二途：（一）普及教育，增加人民智识；（二）发行代替小说之科学或文学书，以便人民购阅，则社会一般人之程度，当可徐徐增高也。我国书业如此幼稚，而经营却极复杂。盖欧美各国经营出版业者，恒不自办印刷；营出版业或印刷业者分工复细，"铅印""石印""照相""制版""雕刻"等，固各专其业，即出版者亦复科学、文学、宗教、教科、小说、美术……等，各营其一二种也。我国则因社会上此种实业尚未发达，故凡关于书业一切之必需物皆须自营，而出版业未大发达，无从分工。外人来参观者，辄觉商务、中华两家博而不专，彼等殆未知我国情形也。

我国书业之组织，与欧、美不同之点，尤不止此。譬如以分店论，查外国书业之分店，至多不过数处；若我国则不然，如商务印书馆、中华书局两家，分店各多至三四十处。其所以如此者，亦有二故：（一）货币不良，价值不定，而分销处买卖不多，安能代受此种亏累；（二）交通不便，运输为艰，分销处资本又小，不能有充分之预备。于是内地学校需要课本时，每感不便，此又不得不自设分销。

至于我国书业之组织，规模小而资本微者，实无组织之可言。盖资本小，则无详细分工之可能；无分工，则组织简单，不言而喻矣。商务、中华两家之组织大略相同，今且就敝局略述之。敝局系一股份有限公司，资本百六十万，股东千余人，以如许资本，有如许股东者，因其中无最大资本家也。敝局组织，系设"董事"九人，"监察"二人，一年一任。"经理"由"董理会"推举。其办事之组织，分总公司、总店、编辑、印刷四大部，其中又分若干部课。（各部课名目情形，笔记从略。）

今鄙人已将我国书业，大约为诸君约略一谈。然我为何从事书业，言其动机，大约有二。（一）我十九岁时，因感买书不便，遂自动地欲开书店。与友人集资千余元，办一书店于武昌。开设一年，营业达万余金，略有盈余。后来因从事于此，则无暇读书，又因不堪其苦，遂辞职，改就汉口《楚报》记者。（二）由鄂来沪，本欲东渡求学，适昌明公司移本店于汉口，要我任上海支店经理，屡辞不获。又见书业大有可为，一则外国人不能与我竞争，盖外国人言语不通，文字不习，实不能控制我国书业；而旧书商多无学识，吾人投身其间，不惟可改良书业，且易出人头地。有此二点，鄙人遂勉就是职。后来又因自己自视太高，不能忍耐，小受委曲，即欲舍去，原约一年为限，届时辞职。后在文明书局二年，商务印书馆三年，民国元年任中华书局之事，迄今十一年矣。阅世渐深，少年时之意气亦渐减。盖当时不肯以第二等人自居，今则自知才力有限，勉强任重，时虞不胜。故就个人之觉悟与经验，为诸君一谈立身处世之道。

我国少年学生，毕业后莫不自视很高，不屑琐事。即偶就一职，亦不能自安其位；甚且谓社会不良，怀才不售。问其所怀之才，窃恐未必适用。故余谓学生就职困难，社会固不能无过，然学生自己更不能无责。普通学生所缺之点，大约有六：（一）无根底学问；（二）无普通常识；（三）技能不适；（四）身体不好；（五）无商业道德；（六）不知勤俭储蓄。有此六故，更益以骄傲之气、暴躁之习，欲得社会之帮助，亦爱莫能助耳。以后诸君从事，总宜忍耐勤俭。不愁无资本，资本是由储蓄得来。美国各大资本家莫不出身微贱。不过资本非劳力不得；不劳而得之资本，如祖、父遗产，吾人视之，实不值一钱也。望诸君勉之！

今日余蒙贵校长陈先生及教务主任姚先生，约我来贵校演讲中国书业情形。自惟学识浅陋，贵校系高专性质，浅近之言，恐无所贡献于诸君，尚乞诸君原谅！

1922年

导读 勤俭节约可以富国，可以兴家，可以立身。勤俭不仅体现一个人自身的修养，更体现了一种社会责任。

为什么要勤俭

勤俭两字，现在有许多人把他看得很轻。好像说："人不是牛马，不应该终日勤劳；人是平等的，应该都有水平线以上的生活。"我以为这是大错了！古人说："人生在勤。"世界所以能有现在的兴盛，全是靠一个勤字；倘若世界上都是懒人，恐怕什么都没有了。俭和啬刻不同。俭是用财有度，不是小气刻薄。古人批评"俭不中礼"，就是说："只知俭省，成了小气刻薄，是不行的。"

有人说："在人生观上说起来，一个人一定要有娱乐。若是提倡勤俭，牺牲娱乐，做人不太苦吗？"这话实在是没有明白人生观的话。我想娱乐在精神，不在形式。比方终日劳动，虽然肢体辛苦，但是有职业，就是第一愉快；省吃省用，虽然不能满口体的欲望，但是能储蓄，就是第一愉快。况且娱乐的事，一样要肢体辛苦，更要多花钱；我们现在的中国，还没有高尚娱乐的设备，因为娱乐惹出的痛苦和危险，正多得很呢！

世界各国的经济状况和生活状况既不相同；甲时代与乙时代又不相同；甲个人与乙个人又不相同；何种生活程度在水平线，这句话谁也不能答复的。欧战以前，欧洲各国的人养尊处优，生活很好，但是这几年来，苦的不得了，不饥不寒的程度，固然保不住；连不饿死不冻死的程度都保不住了。我们是贫弱之国，多数的人又都是穷的，我们要想将来国强家富、不至饿死冻死，只有勤劳节俭，学本事，积资本，兴事业，方才有希望。

　　"卧薪尝胆"比"勤劳节俭"苦得多，勾践能卧薪尝胆，我们不当勤劳节俭吗？愿大家想一想！

　　勤劳节俭可以富国，可以兴家，可以立身，否则国家、自身都不堪设想。何去何从，愿大家想一想！

　　勤呀！

　　俭呀！

　　是救国的良药！

　　是兴家的上策！

　　是立身的秘诀！

　　不勤不俭呀！

　　是亡国的方法！

　　是败家的手段！

　　是丧身的道路！

1922年

导读 　陆费逵自认为有三个长处：专心、忍耐、不失本来面目，正是因为有这三个长处，他才可以始终未入商界与政界，毕生致力中国的教育与出版。

我为什么献身书业

我十七岁到社会上做事，现在二十年了。除了办过几时教育事业和新闻记者外，差不多都是在书业任事，恐怕是我的终身职业了。

我为什么要献身书业？其中有两个动机。第一次是我十九岁那一年，几个同志因为买书困难（一方是经济困难，一方是购觅不易），大家想开一家贩卖书籍的店，一面营业，一面有书可看。凑了一千五百元股本，在武昌横街开办，招牌叫"新学界"。做了一年，营业达一万余元，除了开销还有些盈余。那时开销很省，房租十元，薪工约二十元（我任经理，前半年月俸六元，后半年十元；账房五元，伙计二人各三元；学徒二人各二百文；火夫一人一千文），伙食约十元，灯火杂用连临时费约二十元，每月开支共计约六十元。我为什么不做了呢？一则那时年轻，没有忍耐性，一受委曲，就要闹脾气，就要丢纱帽。二则苦得了不得，店屋共二丈宽，四丈深，前面是店堂，后面分为两间，就是经理室和厨房；煤灰吸个饱，太阳晒出油（屋朝西）；又没有厕所，日间往隔壁客栈里出恭，夜间上街厕，要走半里路。当时武昌的习惯，正月元宵前，店里同事照例大家回家玩耍，我一个人守店，一步也不能出门；有几日伙夫也不在，只好自己煮饭吃。我辞职后，改就汉口《楚报》的主笔，办了三个月，因为粤汉铁路借款和张之洞冲突，就停办了。我到上海来，想往日本留学。其时昌明公司将本店移汉口，要请我任上海支店经理，我先不答应；后来研究书业的前途，觉着希望很大，我允许暂任一年。我那时有一篇《书业前途之预测》，刊在《图书月报》。拿当时日本的状况做比例推算中国书业，每年应该有三万万元之营业。年少气盛，野心勃勃，就决计献身于书业了。后来我就没有离书业，在文明书局帮办编辑和事务约两年；在商务印书馆办出版部、交通部和《教育杂志》《师范讲义》，约三年；民国元年到现在，一直在本局服务。中间民国六年的风潮，闹得几乎不了。原因很复杂，就我本身想起来，有三种缺点。第一，经济缺乏，没有应变的财力。第二，经验不足，没有预防的眼光和处变的方法。第三，能力不足，没有指挥全局的手腕。后来办大事业的人，对于这三端应该好好地研究研究！

我的长处，我也不必客气，不妨说说。第一，专心。我有许多机会可以做别种商业和入政界，但我始终不为所动。第二，忍耐。近十年来，无论怎么样我总忍耐得住。第三，不失本来面目。我从小到现在总不断地看书，不阔绰。这三种虽没有什么价值，但却也是办事必需的条件。

1922年

导读　"惰的反面是勤，忍的反面是任性。勤而不任性，已入进德之门了。我以为勤而不任性的人，断无淫而不孝的。"

万恶惰为首，百善忍为先

我常想用一两句话做进德概括的法门，总寻不出来。今日，《进德季刊》编辑人袁君聚英来向我要稿子，并问我对于"进德"有什么意见，我老实不客气说：

"这季刊是我们同人相互交换知识、意见的。内容的好坏，材料的多少，都没有问题。不过误期是万万不可的。因为误期就是失信，失信是最不德的。我以为以后无论稿子多少，一定要依期出版。假使只有十页八页，也不要紧。万万不可失信，自陷于不德。"

聚英走后，我就想将"信"字提出，做进德概括的法门。想了一想，"信"字固是德之重要条件，但是不能包括一切。忽然想到旧话的"万恶淫为首，百善孝为先。"我以为这两句断不能做进德概括的法门。我便改了两字成为：

"万恶惰为首，百善忍为先。"

惰的反面是勤，忍的反面是任性。勤而不任性，已入进德之门了。我以为勤而不任性的人，断无淫而不孝的。

现在再加点说明以证明此二句可为进德概括的法门。

勤（不惰）

能自食其力，能自立。

能以余力助人，能立人。

终日勤劳，无暇作不规则之事。

能研究学问。

能从事修养。

能称职。

爱惜光阴，不作耗时之事。

能开利源，能辟新世界。

忍（不任性）

忍嗜好。

忍贪性。

忍性欲。

忍愤怒。

忍欺谎。

耐劳。

耐苦。

耐久。

耐烦。

1923年

> **导读** 　民国的学者因多有留学欧美的经历，重视实业的文章很多，本文便从从事实业者自身修养的角度展开论述，提醒实业者在勤俭、正直、知足、选择、常识等方面加以注意。

实业家之修养

（一）

近数年来，风气渐开，群知非实业不足以立国。于是有志实业者，项背相望。然成功者什一，失败者什九，此其故何也？世界之上，卒业于实业、专门者岁若干人，执事于工厂、商店、农场者又若干人，以小资本自营者又若干人。而此若干人之中，或失败焉，或埋没焉，或仅以自给焉，其能称为实业家者，千百中尚无一人，此其故又何也？或以为前者坐无经验而败，后者因无机会而不获发展，固也。然经验以积久而得，机会亦未必不偶遇。彼有经验遇机会而仍不获成功，或虽成功而不能久大，或能久大而不堪为训，此其故又何也？余尝渊渊以思，敏勉以求，得其所以然之故焉。一言以蔽之曰：无实业家之修养而已。

实业家果需何种资格乎？以余所见，勤俭也，正直也，和易也，安分也，进取也，常识也，技术也，经验也，节嗜欲也，培精力也，殆无一可以或缺。人苟能是十者，虽天资稍逊，未有不成功者也。十者缺一，虽天才卓绝，而能成功者鲜矣。有志实业者，曷以是而反诸躬乎！

（二）

事业成于勤劳，而毁于怠惰。生计裕于节俭，而窘于奢侈。古今中外不易之理也。假使有二人于此，岁入各百元，甲异常勤劳，主人青睐有加，岁入逐年加十分之二。甲性复节俭，储蓄岁入之半，以作资本，十年之间，不难积至四五千元。乙则随队操作，监督偶疏，则偷闲而嬉。主人初容忍之，三数年后，忍无可忍，遂至辞退。乙复不知节俭，入不敷出，终不免冻馁死亡之忧。以同等之人，十年之间相差如是之甚者，亦勤俭与否之别而已。况以甲之信用能力，尚可望不次之超迁，而乙无储备，更难堪不虞之意外，可不惧哉！岁入百元而用八十，可称富裕。岁入万元而用万一千元，可称贫困。见事勇为，劳而不怨，即使一时不见获益，而积之日久，未有不见效者也。彼美利坚之大富豪，辄为极贫苦之子弟，数十年间，拥资数亿，力抗帝王。其原因虽不一，然勤俭二字，固其主因也。盖实业界之人，初则以勤劳获资，迨有储蓄，则可以资本获资。劳力获资有限，资本孳息无穷。彼千百万元大公司之总理，岁入数千元至一二万元止矣。若有巨万资本，以吾国普通收息一分计，资本十万，岁入一万，资本百万，岁入十万。较之劳力所入，相去何止倍徙。故非节俭储蓄，恃资本孳息，决无致富之一日。而发轫之始，赤手空拳，非藉劳力所获，铢积寸累，又无资本之可言。即富有资本之后，尤非勤劳不足以维持资本而孳息焉。彼大富豪之劳苦，固什佰于常人也。银行大王摩尔根，日事万机，殆过国家之元首，晤客至多不逾五分钟，其劳苦可知已。青年诸君欲置身实业界乎？慎勿忘勤劳二字也。

（三）

至于正直、和易二者，尤为立身处世之要件。盖作伪舞弊，一经为人觉察，在个人则身败名裂，不能厕身社会，在商店则信用坠落。初时或稍获意外之利，积久终必无人过问。美前大总统林肯少时，佣于杂货店，有妇人购物，多给钱若干。林肯夜间结账，知其误，跋涉数里，访妇人还之。该店业大昌，林肯信用亦渐著。吾国棉丝出口，每湿以水，冀分量之加多。外人初受其愚，今则多舍我而购他国之货。意、日之丝，美、印之棉，早夺我席矣。即使购我之货，亦必详审检查，百般挑剔，全国实业受其害，彼作伪者宁能独免乎！至于营私舞弊，乾没侵吞，所获极微，而日久未有不为人所觉而不齿者也。夫贪一时之小利，至为人所不齿，牺牲终身之名誉事业，岂不愚哉！抑所得亦决不偿所失也。纵观古今成功之大实业家，未有不以正直著者。恒有朴讷之人，毫无特长，仅以正直之故，得人信用，至成大业。而才华卓越之人，身败名裂，甚或陷身囹圄，皆不正直之故也。恳切谦逊，人人莫不欢迎。乖张骄傲，人人莫不恨恶。若夫相骂相殴，更为下等社会所不齿矣。设有二商店于此，甲店和气迎人，无论购物多少，莫不和颜悦色，接待周到，即取阅多件，无论购否，毫无怨容。乙店反是，顾客稍事挑选，即怒形于色，如看而不购，更以恶词相加。试问购物者愿往何店乎？与人交际，以和为贵。平日与人相处，和易者人恒近之，傲狠者人恒远之。居下而和易，可免倾轧。居上而和易，可得人心。但不可胁肩谄笑貌为廉和耳。夫正直、和易二者，行之至易，非有痛苦也。与彼不正直、不和易者较，且可身心泰然。盖不正直则时时畏人知，精神之痛苦无穷；不和易则常与人龃龉，怨怒之损生尤甚。利害善恶，昭然若睹，何去何从，在自爱者之自择耳。

（四）

不满足者，人类之通性，而文明进化所由来也。彼世人怀不满足之心，辄意兴阑珊，不尽厥职，更或寄情酒色，地位因以动摇，愈不满足而不满足愈甚。是不安分，不进取，非真知不满足者也。世界富豪，殆皆自觉不满足者。

然其所以处彼现有之境，无不谨慎安分，以保其地位，勤劳修养，以靳其发展。信用渐著，资本渐多，能力渐大，自能渐次成功，以疗其不满足也。安分之道有三：一曰尽职，二曰忠诚，三曰忍耐。己所当为之事，竭尽心力为之，不计报酬，不求人知，尽职之谓也。主人之事，犹如己事，不敢漫视；主人之物，犹如己物，不敢漫耗，忠诚之谓也。艰苦安之，责难受之，待遇虽薄，冀其徐厚，事计万全，不轻进退，忍耐之谓也。人苟有是三者，不惟现有之地位不致动摇，主人未有不重视，同辈未有不钦仰，社会未有不敬慕者也。夫主人重视，可望渐次进阶；同辈钦仰，则进阶无人不服；社会敬慕，则人人欢迎，必无赋闲之日。有上进而无赋闲，名誉恃以隆，生计恃以裕，资本恃以储。大实业家之基础，立于是矣。近世之人，多目安分为无用，不尽其职而望上进，不求诸己而怨人之不我重视，何其慎哉？侥幸之事，可遇而不可求。彼求荣反辱，求得反失者，皆不安分而冀侥幸者也。

虽然可安分而不可自画也。世人每有安分守己，惟求保现有之地位，不冀大发展者，是志行薄弱，非安分也。世界进化无穷，人之造就亦无穷。非努力进取，不能登峰造极。非有登峰造极之人，则其国家、社会永无由自振也。政治家努力进取，以改良其群治；军事家努力进取，以耀扬其国威；教育家努力进取，以高尚其人民；实业家努力进取，以充裕其生计。夫财为万事之母，无财则百事俱废，虽有政治家、军事家、教育家，而政治、军事、教育，固莫由举。然则谓实业家为国根本可也。世尝以富豪专制为社会病，不知苟无富豪与欲为富豪之人，则利弃于地，百业不兴，彼恃富豪为生之若干万人，必无今日之幸福。天生才智之人，以为社会倡。苟无其人，则庸夫遍地，何事业之足云，社会、国家亦必无今日之繁荣。苟人人欲为富豪，努力进取，实业未有不发达，国势未有不增进者也。进取之道有三：勇气、坚忍、准备是也。商战犹兵战，无勇气决不能赴前敌。床上初醒，一跃而起，此勇气也。嗜好来袭，一刀立断，此勇气也。出门旅行，风雪无阻，此勇气也。当为之事，立即为之，此勇气也。类此之事，不一而足，皆非大勇者不能也。有勇气矣，如一鼓作气，再而衰，三而竭，则有始无终，安能成功，是非坚忍不可。日日早起，常拒嗜欲，寒风砭骨，不肯半途而止，今日之事，不肯留至明日，皆非坚忍不行也。有勇气矣，能坚忍矣，然无准备，仍不能成功也。《记》曰："凡事预则立，不预则废。"天下事未有无准备而能行者。不识字读书，不能作文字书札；不习算知数，不能任会计核算；乃至各种事业，无一不需预习。苟非习之有素，即遇机会，亦不能攫为己有也。常人每叹无机会，辄言苟有人聘我任大公司重职，或能升充总理者，吾其可以得志矣。然平日无充足之准备，安得有人知而任之？即使有人聘用，或积资可升总理，其如己之不胜任何！下章论常识、技术、经验，皆所以为准备也。

世人因限于天资境遇而不能进取，或虽进取而不能成功者，亦不少其例。然非真不能进取成功，特未得其道耳。进取成功之道，首在择业。天资高下，性情宜否，与职业有莫大之关系。其宜者乐之不疲，成功自易。若择业不宜于己，徒以自苦，难望成功。不善筹划者，不可习商业。心思不细密，手足不灵敏者，不可习美术、手工。体格非极强者，不可习制铁、开矿。此其彰彰者也。间有脑力薄弱之人，意志薄弱，不堪久用。然心理学者及医家恒言，此类之人，每日之中，必有片时意思凝聚。苟利用此时，日日从事研究，脑力必以习惯而渐可耐用。且学业最忌间断，若每日一时，永不间断，积以岁月，其成就亦未可限量，但患无志进取耳。苟肯努力进取，无业不可成功，无人不可成功。不过成功之大小迟速，须视其人之天才机遇而已。

（五）

吾国实业界人物，最缺乏者，厥为常识。惟其缺常识也，故观察力不足。从事虽久，而经验不如人之深。惟其缺常识也，故补助科学不足。习业虽专，而技术不及人之精。

国民须有国民之常识，绅士须有绅士之常识，实业家须有实业家之常识。

书札、算术、簿记、商品、实业地理、应用博物理化、外国语文、普通法规、财政学、经济学以及手工图画，实业家之常识也。若作文习字，若算术、理科，若历史、地理，则基本常识也。前者为实业学校通习之科目，所以养成实业家；后者为中小学校之主课，所以养成国民若绅士。

常识与经验技术之关系，可设例以明之。假使有二人于此同习商业，甲有实业地理、应用博物及图画之常识，乙则无之。于是甲于各地出产之多寡，物品之良窳，一望而知。有所见则图于手册，以便参证，且可示人。乙于地之东西水陆，既不了了，物品良窳，更浮光掠影，不得真象。以如是之二人，其所造就所经验，自必截然不同也。又设有二人于此同习机械，一有算术、图画之预备，一则无之。其业之高下，亦自不同也。此指习业而言也。若夫社交应付，更为实业家成功之要件。交际之中，非有常识不足以资谈助，且不能了解人之言论，即无由与人接近。夫不能与人接近，不能与人谈论，而欲得人之助，得人之与我交易，不其难哉！此社交之需常识也。营业之事，各方面均须应付，簿记、书札，为日常所必用者，无论已。诉讼之于法律，国际贸易之于外国语，虽可请律师辩护，舌人通译，然如丝毫不解，不惟恐受人愚，且无由操纵指示。况偶遇之事，仓卒之间，有不能待他人之我代者乎。曩者中华书局觅总公司屋宇，寻觅多处，无相当者。一日于无意之中，见一英文招租告白，循其地址求之，遂即租用。向使不解此区区数语之英文招租告白，则此屋必不能租用。某日发行所有书箱二寄旧金山，面书由新加坡转运，为某君所见，令将新加坡字样删去。倘使不为某君所见，则周折不堪矣。此类之事，吾国实业界数见不鲜，实为吾国实业家无常识之确证也。一事之不知，一字之不明，于是事务濡滞，经费虚耗，有形无形之损失，殆不可以数计。故实业家当力求常识，习应用学术，方可以达其发展之目的也。

各种农工商业，皆有其特别技术。主一事者，须解其事之技术。制一物者，须精其业之技术。譬之书法，同一笔墨，而作字之优劣相去天渊。无他，精熟与否之别而已。

世人对于自己专任之技术尚肯研究；同类之事，非己专任者，辄漠视之，此大误也。盖同类之事，虽非己之专责，然与己之专业，未尝无直接或间接之关系。更或代理他人或迁调他职，皆非储之有素不可。然只可以余暇留意，如舍己之专门技术而朝此暮彼，必终于一艺不能精也。

有常识矣，有技术矣，然如无经验，仍不能免失败。吾国人经营新事业，什九失败，虽多由资本不足，经营不善，然经验缺乏，实其最大原因也。吾国人有二误会，一则以为文人万能，一则以为留学毕业即可应用。殊不知文人万能，在昔时无教育无物质文明之时代，文人天资、思想较胜于常人，故无论何事，辄以文人任之。然多偾事而少成功，反不如毫无学识之工商家纯恃经验者，尚可较有把握。今者外商竞争激烈，尤非无经验者所可侥幸成事也。专门大学毕业，不过明学理及当然之法术而已。运用不熟，手目心思，皆未精练。以任助手，尚不能必其胜任，欲举全局付之，几何其不失败也。范君静笙告余，谓曩者参观日本银行，总裁某君曰：吾行最重经验，大学卒业之学士，仅可供使役缮写而已。从可知实地练习之重要矣。盖上焉者以学理为基础，经验愈深，能力愈大；次则无学理而有经验，尚可以经验所得，循规蹈矩为之；若无经验而仅有学理，即使不至纸上谈兵，而以事业为试验品，不能不为资本惜，尤不能不为实业前途危也。事业愈大，所需之经验愈多。语曰：隔行如隔山，言甲业之人，无乙业之经验，则如山之阻而不能行矣。如何可得经验乎？此实业界所亟愿闻者也。吾意约有三端：择定一业，努力为之，不轻改业，一也；事事留心，为有系统之研究，二也；肯偏劳，三也。世人每不欲多作事，殊不知，多作事即可多经验；益于人者有限，益于己者无穷。尝读各国大实业家传记，当其未达之时，未有不役于人，更未有不多偏劳者也。

（六）

嗟夫！吾言及嗜欲、精力二者，吾对于吾国实业家，不禁慨然也。吾国实业界人物，曾受教育者固鲜，能自修养者亦不可多觏。谨饬之流，类能硁然自守，不肯逾闲。通脱之人，实偏于徇嗜欲、耗精力之途。广置姬妾，兼蓄外妇，狎邪赌博，一掷千金。此外玩物丧志，耗黄金于虚牝者，不一而足，而健康亦因之受损矣。大厂店之所以多亏折，鲜发达者，未始不由于此。盖迷途既入，不免神志昏而精神损，荒嬉多而励精少。其事业之受害，岂待烦言。此就有身家者言之也。至若寻常店友，所入甚微，亦复随流征逐，或乐而忘返，或勉撑场面，卒之亏空款项，遗误事机。小之一生无发展之望，大者有身败名裂之忧。嗟乎！我同志，嗜欲与精力不相容，尤与成功不相容。天下多嗜欲之人，未有康健福寿者，亦未有能成大功者也。

饮食男女，人之大欲存焉，人安可以无欲。人苟无欲，则无希望，百事皆无人为矣。然天下之事，适合为善，过则为恶，故嗜欲不可不节也。男女之欲限于家室。饮食征逐，限于酬酢。车服狗马，限于自己之身分。第能如是，则可以立身，可以宜家，可以健体，可以成业。

人既含生负气，自无不具精力者。然精力有大小，先天强者精力固大，而不善培之，必渐趋于小而至死亡。先天弱者精力固小，然善培之，可渐变为大而体魄日健。余先天不足，儿时多病。二十以前，体极虚弱。属文一二小时，必卧眠以休息。读书稍久，即疲倦不堪。近十年来，实行节嗜欲、培精力之道，身体渐强，疾病既少，亦堪耐劳，每日操作至十时以外尚不觉疲。余之逐日生活略如下。

朝六时半至七时半起床。（视天气寒暖及夜归迟早，略有不同。）

冷水浴，漱口，约半小时。

出外散步，深呼吸，约半小时至一小时。如起早，或散步乡村。

八时至八时半早膳。牛乳一中碗，面包或饼干三四片。

九时前后至厂。（如延见宾客，或往访友人则稍迟。）

十二时半午膳。食米饭一中碗，荤素菜约一中碗。饭后出外散步。天热则静坐或稍眠。

午后至发行所。如有应酬，普通以七时至九时前后为度。

晚膳食量与午膳相仿。

七时半至十时返寓。如系九时前返寓，约读书一小时。迟则否，仅取当日之《申报》《时报》复阅一过，或读小说数页而已。间有特别应酬，迟至十一二时返寓者，然月不过一二日。

十一时前后就寝。就寝之前，五月至十月冷水浴，漱口。冬季则冷水擦身，漱口。

星期日午前省视吾父母，或访亲友。午后或治事，或游散，或酬酢。间亦作极小之樗蒲戏。

卫生之道，早起、少食、运动，助以空气、日光、冷水而已。兹略述其法与理如下。

早起 早起可吸清新空气，且可令早膳与午膳有一定之时。而午前神思清越，治事不甚倦，故为卫生立身第一要务。特早起必先早眠，尤须养成一醒即起之习惯。

少食 五六年前，余食量甚豪。早起食面两碗，午膳晚膳食米饭辄两碗半，午间尚须小食。然消化不易，常患腹疾。时时嗳气，口有臭味。后信仰少食之说，于是减食过半。初数日颇苦饥，一星期后，遂习惯矣。自是肠胃病大减，口亦无臭味。盖食量须与消化之力相称，否则消化不足而疾患生矣。

运动 运动可以活泼筋骨，清新血轮，为益甚大。运动之法，以体操、游戏、散步为最佳。沐浴之磨擦，亦可运动身体。体操之效最大，但无趣味，难持久耳。

空气 人之于空气，犹鱼之于水，得之则生，失之则死。利用空气之法有三：野外散步，一也；深呼吸，二也；多开门窗，三也。深呼吸之法，坚闭其口，以鼻吸气，约数分钟，吸至不能容时，方徐徐吐之。此法可以健脑及肺，久习之，必无肺病。

日光 日光可杀霉菌，又可以清血轮。无论动物植物，大概皆恃日光生活者也。利用日光之法有三：（一）衣物时时曝之；（二）多开门窗；（三）多出外。

冷水 冷水之为用极宏，但吾人不明其用，辄视如蛇蝎，亦以吾国水多不洁之故也。吾国自来水既不发达，滤水缸亦不能各处皆备，饮用冷水实多危险，不如仍饮沸水之为愈。

惟冷水浴或冷水磨擦，苟行之得道，实无害而有益。盖冷水浴可令皮肤坚固，血行迅速。故行之日久，能健体魄，治百病。丁君福保以之治肺疾，陈君颂平以之疗胃肠、癣疥、脑弱等病。余自行冷水浴以来，觉体渐强健，胃肠、伤风等患大减。窃敢保证此法，毫无流弊。惟下列数点不可不注意。

（一）试行之始，须在夏季。先用冷水湿手巾磨擦全身，再用燥巾磨擦其皮肤至发红止。

（二）冷水磨擦既惯，可行冷水浴。解衣之后，跃入浴盆，以两手划于水中，令其振动。冬日以一二十秒时为度，夏日约五分钟为度。浴毕先以湿巾擦之，再以燥巾擦之。

（三）当令人或隔夜将浴具冷水备好。起床之顷，立即行之。如往浴室，须着衣服，以免受寒。

（四）磨擦须令极干，勿令留丝毫水气。

（七）

余文毕矣，实业家修养之道，亦毕矣乎？曰：未也。未毕而余言止于是，何也？曰：实业家修养之道，余未能具知，即所知者，亦未能尽达之于笔也。读者欲研究实业修养之道乎？请读实业家之传记及立身、卫生之书籍。

1923年

导读 本文是陆费逵为国语专修学校学生做的讲稿记录，在他看来，书商的修养需注重四个方面：脑筋清楚、处处留心、要有勇气、不看无益的书。

书业商之修养

书业商的人格，可以算是最高尚最宝贵的，也可以算得是最卑鄙最龌龊的。此两者之判别，惟在良心上一念之差。譬如，吾人甩尽脑筋和心血，出一部有价值的书籍供献于社会，则社会上的人们，读了此书之后，在无形中所获的利益定非浅鲜；反是，如以诲淫诲盗的书籍供献于世，则其比提刀杀人还要厉害。盖杀人不过杀一人，恶书之害，甚于洪水猛兽，不知害多少人。所以我们当刊行一种书的时候，心地必须纯洁，思想必须高尚，然后才可以将最有价值的结晶品供献于世；否则，不但于道德方面要抱缺憾，即自己良心方面亦受责罚。我近来听说有两个专做坏书的人（暂存忠厚，不将他们的姓名宣布），他们昧良心的钱，虽是赚了不少，可是一个已经害了不可救药的病，一个的五官四肢已经缺少了一件。我们虽不能迷信报应的话，但是，"因果"两字，却也不能不相信的。

我们既要有纯洁的心地和高尚的思想，其重要的条件，固非修养不可。有修养，然后才有高尚的道德和深诣的学识。况且我们所做的事非常复杂。语云："士、农、工、商"，我们这行职业，除"农"字之外，已占了"士、工、商"三者的地位：编辑者为士，印刷者为工，发行者为商。此三者有连带的关系，而在法律上，也须受同等的功过。如编辑者编成恶书付刊，则印刷者有阻止的权限；设印刷者亦未察出，发行者亦有不售的责任。再进一步说，印刷者和发行者的功劳较编辑者尤大；因为没有印刷者和发行者，则编辑者无论做成一部什么有价值的书籍，也没有印刷和销售的机会。我们既知道己身已占了社会上重要的地位，若无相当的常识，如何能尽我们的责任，满社会上人们的欲望呢？所以往往受些无形之过，却是由于知识不足！

现在有许多青年都以为，未曾受过高等教育是一桩很抱憾的事。我说："实在不然。"因为学校只可算得一把钥匙，学问犹如宝库，我们将锁开了之后，库中的珍宝还要我们慢慢地去摸；决不是开锁就算完事的。倘能被我们摸着，一身就享用不尽了！

法国教育家说："教育是有止境的，修养是没有止境的。"诸位看看！各学校的学生，毕业是容易的，有真实的本领，恐怕还是少数。美国人，居商业重要位置的，仅十之一二是大学出身，十分之八九都是没有受过高等教育的。最著名的富兰克令，他的事业和学问，在古今人中殊不多见，他也是一个没有进过大学的书业商。

我们既要注重修养，须遵守以下四个条件。

1. 脑筋清楚

我们一天到晚要做工作，哪有精神和时间来看书。这两句话，一般人都是这么说。但是据我看起来，看书并不限定每天要看多少，只要一天不辍，每日半小时尽够了。西哲有言："每日用功一小时，积之十年，虽愚亦智。"普通一般人，兴之所至，一天就要看几个钟头的书。等到明天，又将书置之高阁了。像这样一曝十寒，不但丝毫无益，反将脑筋弄得非常瞀乱，结果仍是等于不看。所以我说，我们苟能起卧有定时，看书能"持之以恒"，则脑筋没有不清楚，学问没有不进步的了。

2. 处处留心

凡事肯留心，处处皆可得着实用的知识。

3. 要有勇气

无论研究什么学问，都要奋起一种百折不磨的精神，不要见人家在我之前就自己灰心。《中庸》上说："人一能之己百之，人十能之己千之。"只要我们能有恒心，何怕无成功的一日。我小时身体不强，常常生病，虽然读了七八年书，却是《五经》还没有读完。当时除家父教过一年，出就外傅一年之外，其余均是母教。先母教育的主旨：1. 不许作文章，不但不许作八股，连论说也不许作；2. 多看书；3. 讲解明白。我在十三四岁时，很喜欢动笔，但是总不能好。后来有一个朋友的先生，替我改了五篇文字，稍有进步，不过胆子很小，有点怕出丑。后来任汉口《楚报》编辑，说明不作论说；到馆之后，看看人家作得不好，自己就大胆试试看，试了两次，就敢作了。实在做文章秘诀，是要胆大面皮厚。（我记伯鸿先生这篇谈话，我也知道我的文字非常的恶劣，可是我要做我的同志们的介绍者，也就顾不得献丑了。这也算得是胆大面皮厚！——瘦鹤注）

4. 不看无益的书

无益的书，我们固然不应该去买，如果把有用的金钱和宝贵的光阴去看无益的书，却是害自己了。

我们要研究哲学、科学……等，均非研究数学不可，欧洲各国的文学、哲学家，没有一个未曾研究过数学的。因为数学里面很含有许多哲理；况且研究的时候，须用极精细的脑筋，因此我们又得了练习缜密思想的机会；于是渐渐地就可以达到成功的途径了。

1923 年

导读　缺才者是谓饭桶；缺德者是谓恶人；学识缺一，是谓愚夫；气度太差，不惟无人与共事，自己亦异常痛苦，充其量只有自杀；身体不健全，则成废人矣。吾人苟不愿为饭桶、为恶人、为愚夫，苟不愿自杀、成废人，尚望于此六端注意！

人的条件

观人或自励均应注意下列六字

才（才干）

德（德性）

学（学问）

识（识见）

气（气度）

体（体魄）

今将此六字简单说明如下。

才　上材不器（《论语》"君子不器"言君子体无不具，无论何事均能应付，不限于一端也），中材成器，下材不成器。不器须有天才，更须长时间之修养，非人之所能。普通人只求成器，切勿不成器，足矣。

德　德之范围既广且深，欲求可以包括一切之语，只有"忠""恕"二字。忠则"可以托六尺之孤"，恕则"己所不欲，勿施于人"。其下手之方，厥惟能忍。勤者忍劳，俭者忍费，信者忍谎，廉者忍贪，礼者忍肆，推而至于一切道德，无不可以忍字入手也。

学 学问无止境。学之注脚又有二：其一学所以为人，其一学所以应世（语文写算均包括在内）。善学者其才、德、识、气、体均可进步，不善学者反是。

识 识亦有两种，常识、见识是也。常识有深浅广狭，然无水平线以上之常识者，是为愚人。见识有高低，然留意而有斟酌者，其见识必较高。否则反是。盲从为见识之大患，常识为见识之益友，吾人其勉之！

气 气度亦各人不同，析之亦有二，气宇、气量是也。气宇宜轩昂沉着，不可鄙薄轻浮；气量宜宽宏浑厚，不可逼窄刻薄。

体 健全之精神，宿于健全之身体。身体不健全，不但一事不能为，并眠食亦不克安。吾人天赋之强弱万分不齐，然保卫勿斲丧，固吾人力所能及也。

以上六端，看来无甚深奇；然人之所以为人，决不能出此六端之外。缺才者是谓饭桶；缺德者是谓恶人；学识缺一，是谓愚夫；气度太差，不惟无人与共事，自己亦异常痛苦，充其量只有自杀；身体不健全，则成废人矣。吾人苟不愿为饭桶、为恶人、为愚夫，苟不愿自杀、成废人，尚望于此六端注意！

1923年

导读 为什么要读书？陆费逵的答案是不同的人读书目的不同。普通学校的学生为人格读书；专门学校的学生为人格或学问或技能或职业读书；有职业的人为职业或修养读书。

我们为什么要读书

我们为什么要读书？现在一班人的答案，或说"为求学问读书。"或说"为赚钱读书。"我以为都不能包括这问题的全体，而且不免有错误。

我以为答这个问题要先把前提分清楚。答案如下。

甲、普通学校的学生为人格读书。

乙、专门学校的学生为人格或学问或技能或职业读书。

丙、有职业的人为职业或修养读书。

更有三种消极的答案。

一、读书的读书，是为读书而读的，不可有致用之想。

二、应用的读书，是储蓄备用，不是立刻应用，也不是件件要用。

三、不可存读书卖钱之心。

我们有职业的人，应该每日有半小时至多二小时读书。不可不读，因为职业上、修养上都有读书的必要。不可读得太多，因为太多了有妨办事，有害身体，更恐食而不化，变成书籍。

我们应该读什么书？此问题的答案，要看各人的性之所近，各人的程度，各人的需要，不是可以一概而论的。简单言之，我以为除无益的小说之外，无论什么书都可以看。

我每日读书，少则半小时，多则一小时许。从十七岁出来任事到现在，差不多都是这样。我没有长性，这样看看，那样看看。所以常识虽然有一点，却没有一样有心得的。

我想读书的方法，应该常常有一种专心精读的；此外随便涉猎，只要看得懂，无论什么书都好。

1923年

导读 "世人或以忠厚为君子，或以忠厚为无用之别名，吾以为皆非也。实则忠厚指人之心地，非表其人之能力，亦非示其人之道德品行也。"

忠厚与君子

世人或以忠厚为君子，或以忠厚为无用之别名，吾以为皆非也。实则忠厚指人之心地，非表其人之能力，亦非示其人之道德品行也。

吾以为君子须有四能：

1. 能见；

2. 能思；

3. 能为；

4. 能不为。

能斯四者，心地忠厚之人，固不为恶；即非忠厚之人，亦必不肯为恶。盖能见则事理明，能思则轻重审，能为则职分尽，能不为则操守固，得不谓之君子乎？世之所谓忠厚（老实人）者，欠聪明则不能见，缺理想则不能思，乏能力则不能为，乏定力则不能不为。不惟无用，抑且不能忠，不能厚也。

吾人欲为君子乎？居心固不可不忠厚，而充分之常识、明确之见解，尤不可缺也。

1923年

导读　　成功三秘诀，勿懈怠、勿耗费均好理解，而取精用宏本意指从大量的材料中提取出最为精华的加以运用，是三秘诀之中最不易之处。

成功之三秘诀

一、勿懈怠　　无论办何事，须精神贯注，毫不懈怠，方可有成功的希望。不旷工，不告假，早到迟退固是不懈怠；时时刻刻留心自己的职务责任和如何进步，更是精神上的不懈怠。

二、勿耗费　　耗费金钱是耗费，耗费光阴更是耗费，耗费精神更是耗费。有形的滥用是耗费，无形的漏卮更是耗费。我们要成功，须有本领和资本。本领和资本的大敌就是耗费。能不耗费，本领和资本就慢慢地增加起来了。

三、取精用宏　　自己多思想，多做事，多阅历，更读书看报，以知道古人和现代别人的思想行为。如此，便可取精用宏，遇事不致茫无头绪。

1923年

导读 本文是陆费逵为他的朋友兼同事舒新城的《人生哲学》一书而写的序言，对《人生哲学》一书的价值给予了肯定。

《人生哲学》序

舒新城著了一部《人生哲学》，要我作一篇序。我说："我很想作一篇长序，但是我少有整闲的时间，要说的话又太多，恐怕作不好。"

什么是人生？什么是人生哲学？我以为人字是包括精神、肉体两方面，生字是指活着的人。人生哲学就是研究活人的精神、肉体两方面怎么维持。

古人说："人之大患，在有吾身。"我以为还不尽然。实在人之大患在有生命之身。倘无生命，身入土中与草木同腐，有什么患呢？倘无肉体，灵魂飘荡宇宙中，就是有患，也不是生命之患。我们这个有生命之身，如何免患，这就是人生哲学。

孟子说"性善"。荀子说"性恶"。告子说"性无善无不善"。孔子说"性相近"。其实性是种子，有善有恶。扩充善种，就是为善。扩充恶种，就是为恶。"人皆可以为尧舜"，未必人人都成尧舜；"狗子有佛性"，未必狗狗都能成佛。孟子说性善，证据很多。但是他又说："食色性也。"食色既是性，那么"紾兄之臂而夺之食，逾东家墙而搂其处子"正是食色之性，正是性之一部分，哪能说人之性善？我想要紾而夺，逾而搂，是性之恶种；知紾夺逾搂之非而不为，是性之善种。人之善恶，看他扩充哪一面。

人性之中，有善有恶；一人之性，又杂善恶。如何方能行善祛恶？我上月替"中华书局同人进德会"的《进德季刊》曾作一文，题目是：

"万恶惰为首，百善忍为先"

人有所不为而后可以有为。不惰才能有为，能忍才能不为。放下屠刀是能忍，成佛还要不惰。

人生问题是一个哑谜，从古以来没有正确的解决。我们在这不解决之中，求相对的解决。孔与佛实有研究的价值，等而下之，即迷信的拜偶像，虚渺的登天堂，甚至想发财，想有后代，都可以解决他的人生问题。为什么呢？人生最要紧的东西是希望和目的；最痛苦的是绝望。有希望、目的而不绝望，一定能忍能为；无希望、目的而绝望，他又为什么去忍去为呢？

我觉着现在最痛苦的人，是觉悟而不彻底，空想而无实力的一般青年男女。他们没有正确的希望和目的，他们没有能忍能为的定力，更或因环境不好而悲观，更或因物质迷惑而堕落，更或因习惯束缚（如结婚不自由，寡妇不再嫁之类）而生趣毫无。他们的人生观，还不如力耕的农夫和念佛的老太婆。

我想我们要解决人生观，第一要有彻底的知识。新城此书，从科学上、哲学上讨论人生之所以为人生，正是我们求知的宝筏。第二要有能忍能为的力量。我是冷水浴的实行者，我将我的见解经验说说。

冷水浴的功效，生理上可以坚皮肤，活血行，强体力；精神上可以清楚头脑，增加忍耐力，更能减少遗精和性欲的冲动。（我在二十岁左右的时候，身弱多病，易疲易怒）十几年来，天天冷水浴，身体渐强，气质大变。从前作文一二小时就疲倦的，现在连续六七时还不觉疲倦；从前脾气极坏，其至和人拍案相骂的，现在横逆之来，可以一笑置之。我对于运动、静坐，都不甚感兴味，或作或辍，毫无成绩。只有冷水浴成了习惯，愈久愈有兴味。不但我的体质、气质变化，我的人生观也大受影响。或者四十能不动心也未可知。我觉着冷水浴是我的人生哲学，读新城此书的人也愿意习我的人生哲学吗？我愿作指导者。

1926年

导读 范源濂，字静生，是中国近现代著名的教育家，曾任教育部次长、中华书局编辑所所长、北洋政府教育总长等职，其间在中华书局时与陆费逵通力合作，结下了深厚的友谊。

悼友人范源濂

百年秀气钟三湘，贤豪辈出先后望。先生行谊尤卓越，髫龄即已露角芒。讲学长沙究时务（戊戌先生肄业时务学堂），会逢政变走扶桑。回首中原长太息，救国深求根本方。明治维新成效速，追论肇端曰教育。造成举国师范才，取法邻邦觉后觉。犹恐空言裨补少，谋人国是须当轴。归国翩然投政界，不恤舍身入地狱（回国任学部参事）。教育法令多手定，几辈老成持异论。慷慨陈词军国民，反对蜂起非所问（中央教育会提议军国民案，部员仰承意旨均反对，独先生演说一时余竭力主张，听者均为之危）。河山还我鼎革新，先作调人旋参政。教育闲曹公独忙，虚怀下士倒雇迎。寝食不遑脑病作，贤者多劳殊矗矗。为避尘嚣去上京，西子湖滨暂停足。昭庆钟声破晓眠，旗营夕照映摧屋（先生寓西湖昭庆寺时，旗营残毁，尚未建新市场）。闭户读书冬复春，卜氏所云仕优学。其时书局草创中（时中华书局创办方一年），同人凤昔钦高风。奠定金鳌柳一柱，踏雪湖上相追从。我云教育须工具，在朝行志在野同。先生欣然颇有意，许以合作图成功。犹忆高轩初临莅，适值约冲（严范老家君亦习教育，惜已归道山矣）自北至。先生与我共饯之，素食酒楼谋一醉。欢笑不觉日影移，午餐方彻晚餐继。剧谈未竟夜又开，始与约冲各分袂。从兹共事四五年，肇划编撰井井然。教本改进称新式（新式教科书系先生与沈君朵山等手编），字典校订注章篇（何来字典引书往往仅注书名，不注篇名；编《中华大字典》时，徐君鹤仙主张遍检群书，注明章篇，先生力赞其成，因而发现各字书谬点不少）。殚精一扫书贾习，出版事业新纪元。迄今再蹶得再振，溯功端推始基坚。先生事功人尽知，惟有一事知者稀。松坡当年偕东渡，经文纬武分道驰。洪宪称帝共和斩，滇南起义参幄帷。其后解纷复排难，有功不居劳不辞（共和再造，误会丛生，危险殊胜，先生奔走少川、任公间，调停颇费苦心，世人知者极少）。近年小憩沽河涘，一度观光游欧美。风雨晦明羁旋中，尽瘁教育仍未已。西河挥泪痛丧明（先生丧期，爱子某日演说，谓教育方法果合不应天折），遥为扼腕增叹唏。尺素书来方浃旬，电传噩耗惊何似。盱衡时事江河下，扼回深仗儒贤亚。教育尤关国本深，因时兴革匪容猎。苍苍未必丧斯文，如何一旦遽恒化。我与学界同痛悼，明星陨后漫漫夜。还念我躬惘然忧，沧海共济愈同舟。前年懋哉（戴懋哉先生长书局编辑事务有年）既物故，今岁先生正首丘。业务方针谁指示，文化发展谁代谋（近年先生仍任书局董事，时加匡助）。为国家哭更哭私，曷禁滂沱双泪流。

1928 年

┃导读┃　本文同样是陆费逵为舒新城的《中国教育建设方针》一书所写的序言，因为这本书是与教育有关的，所以更能引发陆费逵的兴致，谈得也更为深入具体。

《中国教育建设方针》序

新城认定："现行教育制度是工业社会的产物，不合于中国小农社会的需要。要建设中国新教育，非从农业社会的历史上求根据，从现代的世界经济制度上谋适应不可。"我以为他的建设新教育的意思是不错的。但是，现行教育制度虽是工业革命以后的产物，却不能说一定不合于农业社会。

现在教育不良不全是学校制度的缘故，实在是由于帝制和做官的余毒未尽。从帝制的余毒而起的大弊病，就是官厅干涉过度；从做官的余毒而起的大弊病，就是一进学校便将生活提高，总想升学上进。最近加上美国式的"拜金主义""读书吃饭主义"，于是我国的教育便变成：

（1）天子重英豪，文章教尔曹。万般皆下品，惟有读书高。

（2）书中自有黄金屋，书中自有颜如玉。

再说率直一点便是，读书的目的是求富贵。国家看待学校，亦仿佛科举时代的防夹带、跨考、冒考……以免他们侥幸而求富贵！

我以为现行学校制度，如果好好地活用，不论工业社会、农业社会，都可以适用的。不过主持教育的人，要明白国民教育、职业教育、人才教育的性质和其并重的必要；各地方各社会许其各就其需要和便利，任其作种种的活用。毕业文凭，可看做一张结账单，升学和种种考试应重学力而不重文凭。能进学校固较自修的便利，不能进学校的，也可以自修而深造。

班级制的毛病很多，那是无庸讳言的。如果"财""才"均充足，每一个教室只许容十余人或不到十人，注重个性，那是再好没有的了。但是在现在经济、人才之下是不许的。

我小的时候，母教四年、父教一年、师教一年，十四岁以后，便个人自修或于业余偶进夜校。但觉自修很不容易，第一要天分好，第二要毅力强，这不是可以责诸普通人的。因为这个原因，所以我的主张：对于现代教育制度，应该改良活用，却不能一笔抹杀；对于自修，应该提倡奖诱，却不能一力恭维。再换一句话说：中人以下的资质要靠学校，天才要靠自修；就是进了学校、毕了业，如果不会自修，仍就不会成功的。

新城的教育建设，可分析为下列三点：

1. 中国是以农立国，要谋适于农的教育；

2. 提倡自修，利用三馆；

3. 无论在校不在校，同样考试。

这三点是对的，尤其是没有进过学校的我，对于他这第二点利用三馆尤表同情，尤觉感动、兴奋！

他的办法：都市城镇利用大学、中学的三馆，许大学、中学程度的人可以自修，也是对的，也是可以行之有效的。但是他最得意每县设十个三馆，我却想不出所以然的道理。第一，未曾进小学的人，不识字，不解浅近算术，怎能自修？第二，导师非全才，恐怕导不了许多，他说可请家庭教师，试问请得起的有几人？第三，每馆三千元，倘若连房屋、桌椅、器具、书籍都在内，恐怕太简陋罢！第四，葛蕾式的办法，要有电灯、路灯，且交通便利，教员充足方可行之无阻。如照我国内地无电灯、路灯，交通又不便，导师又不充足，如何充分利用呢？第五，三馆开了无人来研究，又如之何？（我从前在南昌、武昌阅书报社阅书，开首还有十余人，后来渐少，只剩我一人；即上海总商会的图书馆，看书的也不多。我是喜说杀风景话的：如果有二万万元的开办费，我也不赞成办二千县每县十所的三馆；如果有六千或一万二千个好导师，我也不赞成放在三馆坐冷宫。）我相信小学程度的三馆一定没有生意的。（原文作初中以下，初中当别论。）

话虽如此说，三馆是要办的。小学程度不行，只好从中学程度起，最好附在中学内。在没有中学的县，要强迫办中学兼三馆。从中学起，是可能的。附在中学，就是生意不兴隆，也没有什么大损失。总而言之一句话，要国家承认自修，予自修者以便利就是了。

我有一篇《三轨制的教育》，用意和新城差不多，办法或则较有边际。兹录于下。

三轨制的教育

我向来主张国民教育、职业教育、人才教育三者并重。国民教育要量多，人才教育要质精，职业教育要适实用。

近十年来，大家觉着从前模仿日本教育成效不良，于是采用美国的制度。殊不知美国与我国相较，无论财力相悬太远，人民的程度也不知相差多少。他现在制度是适应他们现在的情形，哪是我们东施效颦学得来的？

美国人民富力远过于我国，又有百余年教育的历史，所以他们进六年、八年的小学，简直不成问题。他们家庭、社会程度都高，所以六年小学，简直可以有我们初中的程度。譬如教育玩具、图画书之类，在美国家庭是习见之物。家庭环境好，预备足，进学校自然事半功倍。在我国或以父母程度低，或以经济不裕，此类东西在家庭很少看见。所谓家庭教育，在中上社会已感不足，在下等社会不但没有良善基础，反有恶习错觉，须待学校矫正，势必事倍功半。又譬如汽车，美国人几乎每家都有，学校距离较远，毫无问题。我们要学生步行，距离十里之远，就没有办法。至于教育经费、学校设备、教师程度，相差更不知多少。照此情形，小学怎能效法美国呢？

我国因中学毕业生之不易就业，于是效美国制而职业化，然考之实际却又不然。试问仿美国制已十余年了，中学毕业生就业的困难能比从前减少吗？倘并从前的甲乙种实业学校计之，恐怕就业的中等学生，不但没有增加，反减少了。这是什么缘故呢？美国的农、工、商业主持的人和劳动的人都有相当的专门学识技能，中学校只要有职业训练，尤其是有目和手的训练，便可就业服务；专门的学识技能，可以在服务中从领导人员学习，不必全靠学校。我国则不然，一般的农、工、商界程度很低，学校出身的学生先看不起他们；他们也怕用学生，而学生又无适用的技能，种种扞格，就酿成就业难；中学生更有一种虚骄之气。就是现在的职业训练也与职业无关，比甲乙种实业学校，更无用处。于是采了美国制，更增加就业的困难。所以中学效法美国，也不得不失败了。

美国中等教育与我国和日本更有一大不相同之点，即美国全用本国文，即使兼习德、法文之一种，也不甚注重，且不甚难。我国与日本的中学校被一种外国语横在里面，弄得没有办法。这也是采用美国制应该知道的！

照这样说来，现行学校制度便推翻吗？我以为不必，只要改造补充，使它和我国的经济制度、社会程度相合就行了。现在我姑且将我的意思说说。

一、小学教育的三轨制

日本小学教育是单轨制。德法小学教育是双轨制，就是国民学校和预备进中学的预备学校双轨平行的。我以为在我国现状之下，应该用三轨制，即：

为预备进中学的设预备学校；

为普通国民设普通小学校；

为一般贫苦子弟设义学。

预备学校要求质精，所以经费要充裕，设备要完全，教师要优良，学生也要中材以上的，每一教室的学生至多三十人，须在较短的时期，完成优良的国民教育，使升学的较易于造就，万一不能升学，亦可成为较优良的国民分子。

普通小学校就是现在的小学校要求普及。如果限于校舍，限于经费不能尽量扩充，不妨采用全日或半日二部教授。毕业的学生，优良的须能升学，中等的也可做一个完全国民。

"义学"两字，是我国固有的名词，新教育施行以后，大家似乎把这两字忘了，到现在却来忙劳而寡效的民众教育。向使二三十年前，记着这"义学"二字，改良进行，那么现在受民众教育的一班人不都早受过"义学"教育吗？"义学"的办法，可附属于普通小学校；如小学教师来不及，可另请教师，不限资格。学生年龄自八岁起十八岁止，每日上课二小时，于他们作工种田毫无妨碍。不但不收学费，连书籍用品都由公家供给。不过要有保人，如果半途废学，要保人赔偿相当的费用！功课限定国语、常识、算术三科，或只要国语、算术二科。分初级、中级、高级三部，每级二年毕业。初办时，或只办初级或兼办两级、三级，都由村长和学校商定。由义学中初级毕业的，至少能记姓名，投起选举票来，可不必要人代写；中级毕业的，至少能写简单的信；高级毕业的，或则还可以进图书馆自修，或则能升学也不一定。

预备学校的学生多数是小康以上人家的子弟，劳力和用手的机会较少，所以要注重体育和工作。普通小学校要注重文字和知识；照现在课程标准，应该减工作时间，增加国语、算术时间。"义学"可不课工作和体育，因为时间有限，而且他们终日劳动，自有其工作和运动。

二、中等教育的三轨制

中等教育要顾到升学、自修和就业三事。

现在中学生的就业难，实在由于职业太少。而学校所给的职业训练又和农工商社会隔膜，所以越办越僵了。譬如美国以打字、图画为职业预备最重要的科目，但我国现在用着的很少。常有商科学生写信给我，说他能说普通英语、能打字，但是这些在我国对内贸易的机关实在用处很少。

我以为中等教育应该分为三种：

普通中学；

职业学校和职业传习所；

初级书院。

普通中学为升学的预备，入学考试要严格，总要学生的智力、体力可造就方许入学。初中以国文为主要科目，算学次之，外国语、史地、自然科学又次之，以养成具有浅近常识，能读国文一切普通书籍为度。即不入高中，也不患不能自修，不致一辍学就完了。初中英语每周只要课三四小时。高中可仍分文科、理科两部，以英语为公共主科，每周可加至十小时。文科以能读古书、作普通文言文、深通历史为主，理科则注重算学、理化。万不可力求完备，因为科目太多，便难深造了；如就主要的三四科力求深造，则升学可减少困难，不升学也可做一地方领袖，也可自修上进。

职业学校除商科外，无论工科、农科，须看当地情形分别设立。最要紧的是要学生实在工作，切不可另雇一班工人、艺徒工作，仅使学生试验参观。我以为我国新实业尚未发达，就固有的农业、工业加以改良，实在是事半功倍，所以职业传习所，在今日实属最要。就工业论，比方瓷业传习所、纸业传习所、制丝传习所、制油传习所……。就农业论，比方养鸡传习所、种桑传习所、养蚕传习所，乃至某一种菜、某一种果实都可设传习所。传习所不可完全用西洋的新法，可请一位受过新教育的人，搭一个老农、老工试验改良。传习的时候，仍以老农、老工的老方法为主，不过可以改良的地方予以改良；并由受过新教育的人略讲可资应用的学理和新器物的利用（如寒暑表、风雨表等）。传习的目的，是在用老法谋生，而可渐次改良，减少损害，增加收入。此外如画图、写字、产婆、裁缝……都可设传习所。此种传习期少则一年半载，多则三年五载，以学成一件真技术为目的。他的功效，实在比什么都大！

传习所是机械的、技术的；初级书院是文学的、数学的、社会科学的，或则也可以利用学校的器械，做自然科学的学习场所。初级书院的办法，可以高中为中心，以高中校长为山长，由其指定科目及精读、参考等书目，要学生做札记。书院生不住院，专门自修，听公开的讲演，每季或每学期考一次，某科及格、给予某科的学力证明书。假定国文、史地有高中毕业的学力证明书，就可以许他应普通文官考试；国文、算学、常识、教育四科有初级师范毕业的程度，便许他应小学副教员检定试验；有高级师范毕业的程度，便许他应小学正教员的检定试验；国文、英语、算学、社会或自然科学有高中毕业的程度，便许他应大学入学考试。如此办法，中途就业的人还有上进的机会，一方可奖励读书，一方可得许多有用的人才。因为自修者非天资高、毅力强不可，此种人如能成功，实在比一直在学校的好。

三、高等教育的三轨制

高等教育的三轨如下：

1. 大学校；

2. 专科学校；

3. 高级书院。

大学之设立要严格，非有相当的经费、设备不许设立；应定为五年以上毕业，前二年授专门中之通习功课和第二外国语，后三年授专门中之专门功课。我是主张缩短在学年限的；但是照现在小学六年、中学六年、大学四年，共十六年，在经费、设备不充足，教师不尽优良的时代还要习外国语，未免稍嫌不足，所以大学之文理等科要定为五年，医法等科要六年或七年毕业。

专科学校不尚理论，以实用为主，且不授第二外国语，并为易于毕业起见，可定为三年，但法科、医科须四年。

高级书院办法，非片言所能尽，大概以大学或专科校长为山长，利用大学或专科学校的图书馆、科学馆，许人自由研究或辅以公开讲演和考课。某一单位及格者，予以学力证明书，不得给毕业证书和学士学位；但造诣深而有发明者，仍可给博士学位。

结 论

学校教育不过予学者以开门的钥匙，开门之后，如何行动，学校不能过问了！办教育的目的，是要学生在某一时期受先觉之觉，养成其读书力和研究力。不能进学校的人，果系天才，他自有他的读书力和研究力，只须以利器供给他，免他因不知利器或无力备利器而牺牲。就是天才稍次的，多读一点书，多用一点研究功夫，总有相当的成就。现在的弊病，就是将学校以外的人排斥到学术范围以外，这是多么大的损失呢！

近人每以我国学制效法日本为病，近十年来，改而效法美国。我以为学日本不成，尚不失刻鹄类鹜，学美国不成，却要成为画虎似狗了！三十年来教育无好结果，完全是自己方针错误，办理不善，并不是学日本的缘故。再进一步说，三十年来的教育，并未曾学日本，不过将日本的教育法令翻译出来，任意改篡、任意乱行就是了，怎会得好果呢！

改仿美制以后，最荒谬的，是将师范独立打破。其实现在要想中小学普及，中小学质好，非注重师范教育不可；要注重师范教育，先要师范独立，严格训练，优加待遇。为什么呢？教书是清苦职业，境遇好的人每不愿干；就是师范毕业男生，常常改入商界或政界，女生不过提高嫁人的招牌而已！所以师范生要选中上天才之穷苦者，毕业之后，严定服务年限。日本的中学、大学制度可议之处很多，独师范教育的制度，简直可以完全取法。若将师范与中学混在一起，训练、待遇上都有问题。师范生且易沾染中学生之奢侈习惯，中学生更不免自骄为大学生之候补者而轻视师范生。至取消高师，欲求中等学校教师于大学毕业者，姑无论大学毕业者多不愿充中学教师，更不愿充初中教师；即使愿干，大学生的训练和对于教育的研究都有问题，绝不如高等师范生是"定制的"中学教员之适用。此层是我国教育生死关头，望教育当局特别注意！（师范独立是正途的教员出产所；高中或大学毕业的也可以作补助；再加上检定教员，也是三轨制。）现在普通教育既分初小、高小、初中、高中四级，在此过渡时代，师范也当分为四级，养成适当的教员方经济而适用，万不可唱高调——因为唱低调还不够用，怎能唱高调呢？

1931年

导读 　《古今图书集成》是清朝人陈梦雷编辑的大型类书，它内容上至天文，下至地理，可谓包罗万象，全书共10000卷，是中国现存最大、资料最丰富的类书。陆费逵少时便受其影响，主持中华书局工作后花费大量人力物力影印了这部巨书，使其得以被更广泛的应用与传播。

《古今图书集成》影印缘起

儿时闻《图书集成》之名，某处有一部，某老人曾阅过几遍，心向往之，未见其书也。弱冠以后，编书撰文，时时利用是书，获益匪少。盖我国图书浩如烟海，研究一问题，检查多种图书，不惟费时费力，抑且无从下手。例如研究田赋，虽将《周礼》《论》《孟》《管子》《二十四史》《通典》《通考》以及各政论家专集尽行检阅，尚不能免遗漏。此书则每一事项将关系之书分条列入，一检即得，古人云事半功倍，此真可谓事一功万也。考此书为陈梦雷纂辑，彼自称读书五十载，涉猎万余卷，就所藏书及诚亲王允祉协一堂藏书，约计一万五千余卷，辑为是书。为汇编者六，为典三十二，为部六，予有零，共一万卷，目录四十卷。凡在六合之内，巨细毕举，其在《十三经》《二十四史》者只字不遗，其在稗史子集者十亦只删一二，较之前代《太平御览》《册府元龟》精详何止十倍（见陈《上诚亲王书》）。雍正初年，因陈梦雷原附耿精忠发遣边外，但对于此书不肯淹没，重订刊行。上谕云："陈梦雷处所存《古今图书集成》一书，皆皇考指示训诲，钦定条例，费数十年圣心，故能贯穿古今，汇合经史、天文、地理，皆有图记，下至山川、草木、百工、制造、海西秘法，靡不备具，洵为典籍之大观。此书工犹未竣，著九卿公举一二学问渊博之人，令其编辑竣事，原稿内有讹错未当者，即加润色、增删，仰副皇考稽古博览至意。"越四年成书，由蒋廷锡上《进书表》。（此表文载本书之首，却无纂修职官姓名，陈梦雷亦淹没不可彰，良可慨也。）

此书雍正初年印刷铜活字版六十四部以后，并未重印（见故宫博物院文献馆《史料旬刊》第十四期）。光绪十年，上海图书集成局印扁字本，讹误甚多。光绪十六年，总理各国事务衙门（后改外务部）委托同文书局，照原书大小影印百部，每部工料二千五百余两，约合五千元，以若干部运京，若干部留沪。留沪之书不久即遭火厄，故流传甚少。今惟扁字本旧书肆尚偶有之，铜活字本大内所藏四部，皆五千零二十册，今均存故宫博物院。日本内阁图书馆有两部，一订五千零二十册，一订一万零四十册。同文影印本，故宫博物院有一部，其描裱原底则由外交部移赠，清华学校今尚存在。

民国十五年，敝局刊行《四部备要》全书之际，高野侯先生即主张重印《图书集成》，就扁字本影印，或用聚珍仿宋版排印。然细加整理之后，发现扁字本脱卷、脱叶、脱行、讹字不可胜数。舒新城先生力主用铜活字版本，然求之多年而不得，即影印本亦鲜完全无缺者。客冬陈炳谦先生以铜活字本原书见贻，是书旧藏孔氏（岳雪楼）、叶氏（华溪），继藏康氏（有为），全书五千零二十册，仅有六十二册抄配，每册首均有孔氏、叶氏、康氏藏书之印。武进陶氏谓："同文影印本缺十余页，以与故宫所藏四部对勘，所缺相符，岂六十四部一律如斯耶，甚可惜也。"乃一经核对，则草木典所缺之一页，此本居然存在，且确系铜活字本，并非配补，诚人间环宝已。

至于原书抄配部分，字体不能一律，现已商之浙江省立图书馆馆长陈叔谅先生，蒙将文澜阁藏本借与影印，将来书成之后，全书字体版式均归一律，无有参差。又，本书光绪石印本后附考证二十四卷，为殿本所无，亦蒙浙江省立图书馆将石印本之考证，全部借敝局影印，附于书后。两美既合，庶成完璧矣。

影印之初，有主张缩成小六开本者。然原书将近五十万页，预约须售二千元左右，即缩至十开本，亦须售千元以上。当兹四海困穷之时，能以千元购书者究有几人？非普及之道也。余后拟用五开本，以原书四叶合为一页，全书约十二万页，亦非五六百元不可。张献之、金子敦两先生谓："三开本九页合一叶，较之五开本四页合一叶，可减少订口及天地之余白，售价可减少，字体并不减少，实为最经济之办法。"询谋佥同，卒用三开本影印全书，约五万余页，分订八百册，此洋洋大观之中国百科全书，遂能以最廉之价供学子之求矣。计划既定，爰请丁辅之、吴志抱两先生料量校印，而志其缘起如上。

中华民国二十三年一月桐乡陆费逵志于上海中华书局

1934年

导读 作者从求学、工作、生活、婚姻、政治思想等五个方面回顾了自己的青年时代，具有史料与现实的双重价值。

我的青年时代

俞庆棠女士在《申报月刊》二卷一期谈话，将我和爱迭生、高尔基、叶澄衷、杨斯盛四人举出，认为自己挣扎的模范。其实我不但不敢和爱、高二先生比拟，并且也比不上叶、杨二先生之万一，不过我在小小环境中曾自己挣扎过便了。

最近有人要我作自传，但是我现在身体仍未十分健全，且还有职务上的事要办，一时无从写长篇的自传，故先作就这篇《我的青年时代》以应，并以实《新中华》。

现在青年最痛苦的有五端：求学问题、职业问题、生活问题、婚姻问题、政治问题。我现在就将我青年时代的这五个问题略微谈谈。

（一）我的求学 我幼时母教五年，父教一年，师教一年半，我一生只付过十二元的学费。到十三岁，读过《四书》《诗经》《书经》《易经》《左传》《唐诗三百首》六部书，没有造过句，没有作过文，因为先母主张多读多看，反对挖空心思作八股，并反对作疏空的论说，却学过珠算，看过《纲鉴》。我十三岁正是戊戌年。我那时勉强能看日报和《时务报》，有点新思想了，和先父的思想不免冲突，先母却赞成我的主张，于是便不照老式子读书，自己研究古文、地理，后来居然自习算学，并读格致书了。那时随侍在南昌，有一个阅书报社开办，我隔日去一次，午前九时去，午后五时出来，带一点大饼、馒头作午餐。初时尚有阅者二三十人，后来常常只剩我一人，管理员也熟了，他便将钥匙交给我，五大间的藏书，好像是我的了。这三年中，把当时新出的书籍、杂志差不多完全看过，旧书也看了许多。遇欢喜的，便摘抄于簿子上，遇不懂的也记出来，以便查书或问人。不上阅书报社的那天，便在家里用功。那时订阅中外日报，有时看《申报》《沪报》，报上遇着地名，便去查地图，所以我对于地理一科格外有兴趣。照这样做了三年，学问渐渐进步，文理渐渐通顺，常识渐渐丰富。十七岁（实在未满十六岁）便教书。从十七岁到二十六岁，每日早六时至八时一定自修，晚间也差不多总是自修或编著。十九岁著《岳武穆传》（未刊，至今存箧中）、《恨海花》小说、《正则东语教科书》。二十岁为汉口《楚报》撰论文、小说。二十一岁著《本国地理》，为《申报》《南方报》作论说。后来编教科书，主持《教育杂志》和师范讲义；自己编著的有：文明的修身、国文、算术，商务的简明修身、最新商业修身讲义、论理学讲义、学校管理法讲义等。二十七岁以后，职务繁忙不能从事编书，但计划编辑、校阅稿件和作论文却永不间断，每日总有一二小时读书、阅杂志。我以为青年人只要识得二三千字，能阅粗浅书报，便有自修力量。

（二）我的职业　我十七岁教书，是几个小朋友一时的兴奋，捐集经费二十三元开办一个小学校。他们渐渐不过问，我一人支持了八个月。我不但不支薪水，反回家吃饭，二十七个学生，有八个是免费的。每月学费可收五六元，作为房租及一切开销。一个校役，是我父原用的小当差，他积蓄有数十元，情愿不要工钱充校役，要求我每日为讲书一小时。他已有二三年程度，我为讲《饮冰室自由书》和《黑奴吁天录》。后来结束，不但没有亏空，还剩四元几角。我十八岁春天，吕星如先生约我到武昌，叫我教他三个弟弟的国文、算术，他教我们日文，供我膳宿，彼此不出学费。十九岁有几个朋友要在武昌开一小书店，有人说："伯鸿干，我来股；伯鸿不干，我不来。"于是推我任副经理。后因意见不合，股东分家，另开一店，举我任经理。前半年只支月薪六元，后半年支十元，做了一年，居然盈余一千余元。店屋朝西，夏天热得身上出油（最热一百十六度）。店后一小间，半间作经理室，办事睡眠都在这里。半间作厨房，煤灰和油气弄不清楚。店内没有厕所，日间到隔壁客栈便溺，夜间要走半里路转三个弯去上街厕。但是我一切都忍耐着，从不说一句苦。二十岁的秋天，吴趼人先生《楚报》合同期满，不继续了，报馆请我和张汉杰、冯特民去接办，我的薪水每月五十元。我和特民轮值，今日编新闻，明日著论说，居然很受阅者欢迎；后来为宣布粤汉铁路借款合同，被官厅迫得停刊了。我到上海，任昌明公司支店经理一年，任文明书局事务一年半（文明书局职务无名目，但编辑、印刷、发行件件都管，仿佛现在通行的襄理，每日工作常至十余小时，增加经验不少），兼文明小学校长。在商务印书馆办事三年半，前半年任编辑员，后三年任出版部长，兼交通部长、《教育杂志》主任、《师范讲义》主任。总之我不怕多办事，职务尽管加重，我还是悠然自得的，知我者恭维我善调度，不知者说我不做事，自己看报谈天却指挥助手，像煞有介事。二十七岁任中华书局总经理以至于今。中间经过无数的波折痛苦，恕我不愿详述了。我有一件事可自豪的，就是入世三十二年从未赋闲，我对旧职业略有不满，便有人来请。最可感的是民六中华书局风潮时，范静生先生要我去教育部帮忙，先外舅高子益先生要我在外交上任事，《新闻报》馆汪汉溪先生要请我任总主笔，还有其他方面殷勤劝驾，我抱定有始有终的宗旨，不肯中途离开，心中却是十分感谢的。

（三）**我的生活**　我生活很简单，一切事体都会做，煮饭、烧菜、补衣、梳辫（前清男子都有辫子，普通隔一二天叫剃头匠梳，我十三四岁时父亲便叫我自己梳），自己都干。一般人看见中华书局总经理吃大菜，不知民十以前，我在书局吃饭，有时无暇，便吃几片冷面包，或买二十文的粥，十文的萝卜干，也就是一顿。后来局中不供膳，我才回家吃饭。我的用度很省俭：不看戏，不看电影，不至跳舞场。我从前偶作叶子戏，近年也不弹此调了。家中没有厨子，没有男仆，有时女佣买菜，有时主妇买菜。我不在外面吃点心，家人几年上一次菜馆。衣服也很随便，新的衣服，总不愿意穿常常放在箱子里放旧了才穿；小孩子布衣布鞋，女扮男装，妹妹好穿哥哥嫌小的衣服……惟其如此，所以我能不为生活所屈，自行其是。我的最大用度，除应酬、买书外，早年是两弟读书，并补助亲友子弟读书，以及父母的养生送死，最近有担任仲弟遗孤的教养费。现在一般提高生活的议论，实在害人害己，吃得好，未必卫生，着得好，不过做衣服的奴隶，游戏更有害无益。我们穷国穷人，学苏俄的刻苦经营，或有出头的日子；若学富国的舒适，那便是自寻死路了。

（四）**婚姻问题**　我们弟兄幼时都未订婚，有人作媒，先母总拒绝说："我的儿子好，不怕没有媳妇；我的儿子不好，何必害人家的女儿。人家女儿好，不怕没有女婿；人家女儿不好，不犯着早定来害我的儿子。"我入世以后薄有虚名，作伐的不必说了；有富翁要我招赘，我不允；族兄某要代我完婚，生一子嗣彼，我也不允。有一极相得的女友，但事实障碍，势难结合，我便处处小心，避免深谈。我对于男女间有两见解：一则爱之不可害之，二则爱人不可害己。所以我常说：爱是一件事，为我有又是一件事，若爱便一定要为我所有，那就走入魔道了。况且一个人责任很多，怎可为婚姻问题牺牲一切。我后来能自立，方才婚于高氏，元配断弦，续娶杨氏，都觉着非常美满。妻子也信任我，毫无误会。信用要从家庭立起，家人不信用，怎能得社会信用呢？

（五）**我的政治思想**　我十二岁时很想做画家，十四岁想做文学家、报馆主笔，十六岁研究算学最热心的时候想做科学家。十七岁革命思想大盛，十八岁到湖北便与党人往来。后来组织日知会，我是干部之一，会章便是我起草的。当时所开的小书铺，大卖其《警世钟》《猛回头》《革命军》等书。同志入狱，他人都不过问，我时时接济入狱的一点费用。但是看见党人倾轧卖友，能力薄弱，知道个人非有学问有修养不能成事，社会非有教育有风纪不能有为。后来便努力自修，努力工作，仅从旁赞助革命了。辛亥三月黄花岗之役，我助学生吕烈曦赴粤，事败回来匿我处，我又助其行。民五讨袁及袁死后，调和唐（绍仪）梁（启超），也曾与范静生共同努力。我是一个有政治思想而不喜政治生活的人，所以到现在虽然没有什么政治上的成就，却仍喜谈政治。然因政治思想浓厚的缘故，对于现实政治不满，不免增加痛苦。但是我们要明白，思想比现实高一步方有进步，然而痛苦便永不会免的了。

这五个问题，大致说过了，总括一句话，便是要努力、节俭、有信用。具此三条件，没有不能求的学问，没有不能干的事业，生活自无问题，家庭也有幸福了。政治上的痛苦，不到天下大同，永远不会消灭的。因为政治在过去、在现在，只有比较的好坏，没有绝对的好坏。而且现实进一步，思想更进一步；现实不能追上思想（况且思想不止一种），便不能不痛苦。试问哪一国有思想的人满意他国的政治？我人对于政治可作种种研究，可作种种运动，但如因思想与现实冲突而痛苦过甚，而心灰意懒或有轨外行动，那便不是了解政治的人呀！

1934年

导读 《辞海》是中国最大的综合性辞典，于1936年正式出版面世。《辞海》的编印是中国出版史上的一件大事，作为当事人之一的陆费逵参与了《辞海》编印的全过程，是《辞海》得以问世的第一功臣。

《辞海》编印缘起

民国四年秋，《中华大字典》既杀青，主编者徐鹤仙先生元诰欲续编大辞典，时范静生先生源濂长编辑所，亟赞成之，遂商讨体例，从事进行，定名曰《辞海》。越明年，共和再造，静生重长教育部，鹤仙亦先后任上海道尹、河东道尹，此事遂搁置。后鹤仙倦游归来，重理故业，然不断为党国奔走，时作时辍。民国十六年，鹤仙出长最高法院，乃由舒新城先生继其事。新城觉原稿中已死之旧辞太多，流行之新辞太少，乃变更方针，删旧增新。然旧辞有从前之字书、类书可依据，新辞则搜集异常困难。曾嘱同人遍读新书新报，开始时收获尚多，后来则增益甚少，尝有竟日难得一二辞者。又以改加新式标点，费时尤多。十九年春，新城改任书局编辑所长，无力兼顾，乃请张献之先生相、沈朵山先生颐董其事；献之任编辑所副所长，亦不能以全力赴之，近四年来，实朵山主持之力为最。刘范猷、罗伯诚、华纯甫（文祺）、陈润泉、周巨鄂（颂棣）、胡君复、朱丹九（起凤）、徐嗣同、金寒英、邹梦禅（今适）、常友慷（殿恺）、周云青诸先生分任其事，先后从事者凡百数十人；范猷任辞典部副主任，搜罗整理，十年如一日，致力尤多。复经黎劭西（锦熙）、彭型百（世芳）、徐凌霄、周宪文、武佛航（埻干）、王酌清（祖廉）、金子敦（兆梓）诸先生及舍弟叔辰（执）校阅，亘时二十年之久，亦可谓艰巨之业矣。此书所以费时而难成者，厥有五因，兹略述之。

一、**选辞之难也**　旧辞采集尚易，然判断其孰为死辞而删之则大费周章。新辞不但搜集困难，而且舶来名辞，译音、译意重复冲突，决定取舍亦甚困难。更有同一辞也，新旧异解，彼此异用，势不能不兼筹并顾。而地名之更改或添置，事类之新出或变迁，尤不能不随时增订。故常有已选之辞不数月而改删；已定之稿不一年而屡易。总计撰成之稿，凡三十余万条，并修改重复计之，殆不下五十万条，今仅留十万条有奇，殆无异于披沙拣金矣。

二、**解释之难也**　旧时注疏以及字书、类书之属，其较详备者，亦仅罗列诸家之说，少折衷归纳之言，学者从事翻检，往往有目迷五色、无所适从之感。今于群言庞杂之中，必一一分别其异同，归纳其类似，故一条辞目之编成定稿，往往翻检群书至数十种，而结果所得则仅数字之定义或数十百字之说明而已。又如同一辞目而兼含新旧各科之意义者，甲撰一条，乙撰一条，丙、丁各撰一条，必合数人之稿归纳为一，或综合解释，或分项表明，去其重复，合其异同，始获定稿焉。

三、**引书篇名之难也**　辞目除采自原书者以外，自应兼采字书、类书。然我国字书、类书所引之书，多仅举书名而无篇名，常有引用某书，而某书竟无此句者。《中华大字典》编辑时，核对原书，发现《康熙字典》错误四千余条。本书有鉴于此，凡引用之古书，仍复查对原书，加注篇名。在编辑者固费时甚多，然期其不至沿前人之讹，且可使学者检阅原书；我国字书、类书相沿之积弊，或可以此稍减矣。

四、**标点之难也**　我国古书多不加标点，而其文之难以句读者，聚讼纷纭，千百年无定案。本书竭同人之力，就其心之所安，应用新式标点，加以确定之句读，往往讨论二三句之点号，至费二三人竟日之力。又如同引一书，因引证有详略，则标点方法即须略异。例如引一大段每用分号，引一二句则无须用分号，有时分号变为句号矣。凡此种种，比旧法仅断句者，其难易不可以道里计，虽竭力从事，然终不能保其不误也。至于人地名、书名之加线，不惟费力，且占篇幅不少，盖全书所用之书名线多至二十万左右，人地名线则为数更多也。

五、校印之难也　本书分量之大为空前所未有，约略计之，全书条数在十万以上，全书字数约七八百万，而因用新式标点之故，劳民费事，校对更难。即就标点计之，全书点号约二百万，标号则人地名、书名线约五十万，引号称是。大本不欲其多占篇幅，故用新五号字；缩本欲其免伤目力，故字体约等于六号字；每面字数约二千，各种符号约七八百。就吾人经验，普通书每人每日可校七八十面，每书印刷所校三遍。编辑所校三遍，此书则每人每日不过校七八面，印刷所须校五次，编辑所须校十次；名词术语尚有夹用他国文字者，校对更须专家。至普通汉字，电报书不过七八千字，各印局铜模少者五六千，多者七八千。此次特加制铜模八千余个，共计已有一万六千个，尚嫌不足；其僻字新字仍须临时雕刻。此种字体，平时不习见，但丝毫不能讹误，其困难殆非局外人所能想像也。

吾缕述困难之原因，其故有二：一则对于编校排印诸君子表示谢意，一则对于后之编辞典者聊效前驱。吾行年五十，从事出版印刷业三十年矣，天如假我以年，吾当贾其余勇，再以一二十年之岁月，经营一部百万条之大辞书也！

1936年

导读　本文是陆费逵应《时代精神》主编周宪文的邀请所撰写的自述文章，可供努力上进之青年示范。

我青年时代的自修

《时代精神》主编周宪文先生来函，嘱写自述寄刊，不论长短，以为青年努力上进的示范。我何人斯，焉敢自诩努力，不过在青年时代之刻苦自修，有可供青年借镜。兹略述梗概聊以塞责。

我儿童时代读书七年，其中母教五年，父教一年，师教一年（九岁时因上年先母大病从邻居刘先生读），十三岁读完四书、五经。先母教育颇有暗合教育原理者，如阅《纲鉴》、习珠算、讲故事（每晨五时起身，冬季则拥被坐床上，母亲为讲历史上、小说上之有益故事）。先父长于文学、书法及治印，因曾随侍先祖于河南汤阴，对于岳武穆尤有深刻印象，岳武穆词两首曾教我诵读，至今能背诵；课余命记典故、检类书、习尺牍。故我十三岁时文理粗通，能勉强阅书报；其年是光绪戊戌，受变法影响，略阅《时务报》及新书。我要求先母不再照旧式读书，先母知我能自修，遂商于先父，从来年正月起（表面十四岁，实在十二岁半）任我自修。我自定课程，每日读古文、看新书各二小时，史、地各一小时，并作笔记、阅日报（先阅《字林西报》或《申报》，后阅《中外日报》）。我阅报无论论说、新闻、广告都一字不放过，有不解者即查字典及类书，查不着则记入小册子，请问父母及亲友。记得为上海商情中之"衣牌"二字，询问许多人皆不懂，后到上海又数年，方得钱业老辈满意之答复。盖上海钱业只有规元兑制钱或铜元之市价，其洋钱（银元）兑制钱或铜元之市价照衣庄挂牌，故称衣牌。此虽小事，但可矫正读书不求甚解之病（陶靖节当时所谓读书不求甚解，是为中年以后人读书消遣而言，非令少壮人不求甚解也），我之常识养成亦由于此。

十五岁春至十七岁夏，单日在家自修，双日往阅书报社，晨九时去，略携干粮，至五时方出。初时阅者每日有十余人至二十余人，数月之后，常到者只我一人。管理员亦由二人减为一人，与我甚相得。于是管理员将书橱锁匙交我，五个房屋之书好像是我自己的了。此两年半中，不独遍读新报新书，而古书亦阅读甚多，于常识之养成裨益甚大。

十六岁秋间，见报上广告有《笔算便览》，向先母索银一元去买。适《便览》售罄，书肆取出《算学笔谈》《笔算数学》《数学启蒙》三书给我阅看。《笔算数学》用阿拉伯数字，当时以为是洋文不敢买，《数学启蒙》又太简，惟《算学笔谈》异常明白。我本有珠算根基，对笔谈之前数页（加法、减法）一看就懂，而售价适为一元，于是便买回家中。且恐学不成为先父责笑，于是每晨六七时先父未起床之前，自习二小时，凡四十日，将整理四则、小数、分数、开方习完，进读《代数术》。但此书编制程序不善，我对于算术之命分开方又不熟（因《笔谈》习题极少），困难异常。其时已知《笔算数学》仅用阿拉伯数字十个，并非洋文，即买来将全部二三千习题逐个演算。及学日文后，再读日文之算术、代数等。

我习日文是在十七岁秋季，同学已习两月，教师吕星如先生开首对我说："听说你很聪明肯用功，我想多教一点，希望两星期赶上他们，以便同班上课。"第一日教字母拼音全部及会话四句。我这夜差不多没有睡，字母多读多写尚不觉难，拼音有若干读不顺，会话更觉难以上口，读了一两百遍方能成诵。但此四句会话至今能脱口而出，一字不讹。次日诵读给吕先生听，先生喜道："我的硬教育成功了。"我读日文前后不到一年，吕先生特别多教我，所以不但能看书，且能勉强说话。

此后我一面办事，一面自修。夜间或习日文，或习英文，或编书或作论文。（详后）早间五时许起床，用洋油炉烧开水，即在此时稍稍体操、冷水擦身、喝开水（冬季吃罐头牛奶）。约六时开始读书，每日必读二小时，八九年未间断。所读科目最多者为教育，次经济，次地理，次政治，次哲学，得力于日文书籍不少。但东涂西抹不能专精，仅粗知皮毛扩充常识而已。

我从小未有作文造句。先母主张多读、多看，不要勉强作文。后来随便写作，朱虹父先生（谢健之业师，四川名士）看见说道："你很有思想，文笔也不错，不过不甚简练。你如高兴正式作论文，我可以给你改。"一共改了五篇。有一篇《伯夷论》，我说伯夷并非反对革命，而仅反对武王"以暴易暴"。武王之暴何以不见史籍？则以周代有天下八百年，无人敢记载云。此文当时以为新奇，各友传阅，后来不知何处去了，至今耿耿于心。

此八九年中，初任小学教员、小书店经理、报馆主笔（汉口中文《楚报》）。二十岁冬到上海，亦任事书肆，虽曾主持业务，但仍兼编辑。因编辑而须研究取材，于自己修学亦裨益甚多。

二十二岁以后，特注重教育及经济之研究。主编《教育杂志》三年，对前清学制多所抨击，一面发表自己的主张。民国元年，南京临时政府成立。蔡孑民先生任教育总长，就任之初即来沪与同人商教育进行。蔡先生拟刊行白话日报并修改前清学部教科书。我少年气盛，猝答曰："白话日报固为开民智之重要工具，但只可提倡民间为之，或由政府别行组织，非教育部之紧急工作。前清学部教科书，内容不合共和政体处，较民间出版者尤多，改不胜改。且编法太旧，文字太深，即改亦不合用。不如通令各学校仍用民间已出之教科书，其与共和政体不合者，列表删改可也。今距春季开学不过月余，政体初更，各省皇皇不知如何措手。我以为去泰去甚，定一暂行办法，并将要旨先电各省教育司，俾得早日准备开学，教育部第一步工作此为最要。"蔡先生以为然，并嘱起草。我与蒋竹庄先生商定一稿，即元年一月所颁之暂行办法及四条通电。其内容大体根据我三年中所研究的结果，如缩短在学年限（中小学改为共十二年），减少授课时间，小学男女共学，废止读经等，均藉蔡先生采纳而得实行，其愉快为何如也。

民元以后，我主持中华书局职务甚忙，不克努力自修，但每日总读书一二小时。遇编辑上有问题时，多与同人共同讨论研究，或检阅有关之书。现虽年逾半百，患肠病及心脏病，然不求甚解之读书，固仍未间断，特不能如少年时作有系统之研究耳。

1940年